KB262590

여기마을

좋은사람

좋은사람으로 살아야지 다짐하는 이유중의 하나는, 좋은사람을 만나고 싶은 바램 때문입니다.

내가 좋은 사람이 되지 않는 한 좋은 사람을 만날 수 없다는 걸 이제쯤엔 압니다.

좋은사람을 만나는 것, 그것이 사는 기쁨이요, 껍질을 벗는 것이요, 결국 참 나를 만나는 길임을 또한 압니다.

그러나 아무리 좋은 사람이라 하여도 내가 좋은 사람이 되지 않는한 나는 그를 만날 수가 없습니다. 만난다 해도 그건 만남이 아니요 덧없는 스침에 불과하겠지요.

좋은사람과의 만남. 그 만남을 놓치지 않기 위해 좋은 사람이 되려 애쓰며 삽니다.

- 한 희철

전화 : (0371) 46-2330

2×2-810　강원도 원주군 부론면 단강리　**단강 감리교회**

주일 공동예배 (부활주일)

오전 10:00   인도 : 한 회천목사

- 묵상기도 / 다 같 이
* 찬 송 / 36장 (주 예수 이름 높이어)
* 성시교독 / 62번 (부활절)
* 신앙고백 (사도신경) / 다 같 이
* 송 영 / 1장 (만복의 근원 하나님)
- 공동기도 / 다 같 이
- 기 도 / 이 상근집사
- 주 기 도 / 다 같 이
- 성경봉독 / 요한복음 20:1~8
- 찬 양 / 학 생 부
- 말 씀 / '이젠 두렵지 않아요'
- 찬 송 / 159장 (할렐루야 우리예수)
- 헌 금 / 정 성 으 로
- 헌금기도 / 인 도 자
- 교회소식 / 인 도 자
- 성도의교제 / 반 가운 인사를
* 찬 송 / 488장 (내 영혼에 햇빛 비치니)
** 축 도 / 인 도 자
- 폐 회 / 주의 평안을 빌며

공동기도

때때로 우리의 삶은 괴롭고 허전합니다. 슬픔과 두려움이 무섭게 마음을 누를때도 있습니다. 어떻게 벗어나야 되는지 우리가 모를 때가 있습니다.

죽음의 사슬을 끊고 다시 사신 주님. 주님을 통해 새로운 희망을 갖기를 원합니다. 예수님 이름으로 기도 합니다. - 아멘

주 일 저 녁 예 배

오후 8:00   인도 : 한 희철 목사

· 묵 상 기 도 / 다 같 이
· 찬   송 / 371 장 (삼천리 반도 금수강산)
· 기   도 / 지 금순 집사
· 성 경 봉 독 / 사도행전 16 : 6 - 10
· 말   씀 / '드로아의 환상'
· 찬   송 / 355장 (부름받아 나선 이몸)
· 교 회 소 식 / 인 도 자
· 성 도의 교제 / 반가운 인사를 나눕시다.
· 축   도 / 다 같 이
· 폐   회 / 주안에서 승리하세요

수 요 예 배	새 벽 기 도 회
저녁 8:00	오전 5:00
말 씀 : '왕이 된 사울'	· 말 씀 : 이사야서
인 도 : 한 희철 목사	· 인 도 : 한 희철 목사

(7쪽에서 계속)

저렇게 의견을 모으며 없는 힘을 합해 일들을 했지만

일은 더뎠고 위태하게도 보였다.

노인들이 하기에는 너무 버거운 일이었다.

마을 이름 하나 세우기에도 벅찬, 마을의 허약함.

소리아빠와 단강교우님들께 먼저 감사 말씀 전합니다.

첫날

광철씨, 남철씨, 치화씨 나란히 교회 문을 들어서 맨 앞자리로 가서 앉을때 저는 감당할 수 없어 가슴이 저려와 찬송을 부를 수가 없었습니다.

주님께서 지극히 사랑하시어 부르신 그들, 주님의 음성이 이렇게 제게 들렸듯 소리아빠에게도 가슴깊이 들려졌으리라 다시금 믿고 깨달았던 귀한 시간이었습니다. 그들을 바라보며 받는 도전도 있겠지만, 그들의 순전한 삶, 깨끗한 손, 정결한 마음 모두를 사랑하여 그 자리 지키고 주님 말씀 힘 잃지 않고 전할 수 있으리라 생각했습니다.

마른 막대기 만도 못하다고 고백하시는 김 천복 할머님, 허 석분 할머님. 우리들의 어머님을 뵙고 또한 주님께 감사드립니다.

어디서도 찾아볼수 없는 단강교우님들의 견고한 삶의 모습, 건강한 삶의 열정 그 깊은 삶의 고난 속에서도 자신을 속이지 아니하고 걸어온 걸음, 걸음.

몇권의 책이 되고도 남을 삶을 되돌아보며 그 뒷안길 주님만 의지하며 아픔과 죄됨을 주님앞에 허탄한 마음으로 고백하며 새벽을 밝힌다 하시던 독백같은 발자욱 자욱마다 묻혔을 그 아픔의 세월이 그곳 분명하여 같이 걸어온 소리아빠 7년의 시간속에 서로가 서로를 바라보며 기쁨이 되어, 슬픔이 되어 절벽같은 한계를 뛰어 넘고, 단강 그 땅을 지키는 소리새가 되었으리라 뜨겁게 느꼈습니다.

주님을 살아계신 아버지로 믿고 세상사람들과도 다른 변화된 삶을 살아야 되지 않겠냐는 진리의 말씀을 그 분들에게 전하기엔 우리의 삶의 여정이, 모습이. 우리가 경험했던 세계가 "주님 너무 부족합니다"란 고백 밖엔 진실이 따로 없지 않냐는 아픔의 시간이었습니다.

"청하지 않아도 다시금 찾고 본다"는 형님의 고백이 저와 같은 심정의 고백이었으리라 생각됩니다. (다음호에 계속)

— 김 연옥

목회수첩

932

안집사님네 사는 온갖 동물들 중에는 고양이도 있습니다. 고양이 서너마리가 집안의 이런저런 동물들과 어울려 살아갑니다.

안집사님네 고양이는 사설 집고양이가 아닙니다. 도둑고양이라고 불리우는 들고양이입니다. 여기저기 떠돌아 다니며 살던 들고양이가 어느날 안집사님네 들렸는데 고양이를 보고서도 굳이 내어 쫓지 않고 집사님이 밥까지 챙겨 주니 고양이가 들붙어 살기를 시작했던 것입니다.

그래도 들고양이 습성은 남아있어 좀체로 사람에게 잡히는 법이 없습니다.

친숙하게 지낼뿐 잡으려하면 이내 저만큼을 내빼 버리곤 합니다.

한집에 살면서도 사람과는 일정한 거릴두고 살아가는 것입니다.

그런 고양이들도 안집사님 만큼은 다르게 대합니다. 다른 식구들에게는 가까이 다가가는 법이 없으면서도 안집사님에게만은 전혀 그렇질 않습니다. 집사님이 화장실이라도 갈려고 마당으로 내려서면 어떻게 그걸 알고 고양이들이 모여들어 가랭이 사이로 왔다갔다하고 발등으로 올라라며 좋아서 어쩔줄을 몰라합니다.

하찮은 생명까지 사랑하는 집사님 성품, 고양이들이 어찌 알고 그렇게 집사님을 따릅니다.

몸은 점점 무거워지고, 구석구석 안 아픈데가 없고, 정정제를 먹지 않고 잠을 못이루고, 집사님의 삶은 갈수록 암담해져 갑니다. 누구하나 든든히 의지할 사람이 없습니다. 아픈 걸음 좋종 때는 집사님 걸음걸음을 고양이들이 감쌀뿐 집사님 위태한 삶을 감쌀것은 갈수록 없습니다.

'요것들아, 요것들아' 달려드는 고양이들에게 대견한 손길주며 집사님 눈물에 젖는 것은 있을게 없는 '생의 없음', 그럴수록 아프게 새겨지기 때문입니다.

933

따뜻한 봄볕이 좋아 소리와 규민이를 데리고 앞 개울로 나갔다. 개울로 나가보니 버들개비도 벌써 피었고, 돌미나리의 새순도 돋기 시작했다. 그러고보니 밭뚝엔 어느새 풀들이 쑥 자라 있었다. 개울물 소리 또한 가벼운 몸짓의 새들과 어울려 한결 명랑했다. 겨울을 어떻게 났는지 개울 속에는 올뱅이들이 제법 나와 있었다.

올뱅이를 잡으며 이런저런 시간을 보내다가 집으로 돌아오는 길, 논뚝을 지나다 보니 왠 시커먼 덩이들이 군데군데 논물안에 있다. 자세히 보니 개구리 알이었다.

"저게 뭔지 아니?"

"몰라요"

"개구리알이야, 저 알에서 올챙이가 나오는 거야"

소리와 규민이가 신기한 눈빛으로 알들을 쳐다봤다.

"올챙이가 커서 뭐가 되는지 아니?"

"개구리요"
책에서 본적이 있는지 소리가 이내 대답을 했다.
"아빠, 그런데 왜 올챙이는 커서 개구리가 되는 거예요?"
이번엔 소리가 물었다.
올챙이는 커서 왜 개구리가 되냐니, 뭐라 대답할 말이 딱히 없었다.
"글쎄다" 대답을 망설일때 소리가 한마디를 보탰다.
"그것밖엔 될게 없어서예요?"
그것밖엔 될게 없어서 올챙이는 개구리가 되냐는 말에 웃음이 터지고 말았다.   '그것밖엔 될게 없어서'라는 말이 참 재미있게 들렸다.
"그래 맞겠다. 그것밖엔 될게 없어서겠다"
난 거듭거듭 그 말을 인정할 수 밖에 없었다.

934

끝정자를 지나다 보니 마을아저씨들이 모여 뭔가 일들을 하고 있었다. 마을 이름이 적힌 커단 돌을 신작로가에 세우는 일이었다.
도 사업인지는 몰라도 마을마다 마을 이름이 적힌 돌비를 세우는 일이 한창이었다. 다른 마을에선 진작에 끝난 일이었는데 유독 단강리가 늦고 말았다.
일하러 모인 사람들이래야 노인 몇분뿐, 일할만한 사람은 미전이 아빠와 김 사석씨 뿐이었다. 그 큰 돌을 움직이기에는 아무래도 역 부족이었다. 이렇게
(3쪽 하단에 계속)

교회소식

1. 아직은 드물지만 어김없이 돌아온 제비의 날개짓은 여전히 힘찹니다.

2. 오늘은 부활주일, 기쁘고 고마운 날입니다.
   때때로 슬픔과 괴로움이 우리의 앞길 막아도 우리는 끝내
   이길 수 있음을 부활소식을 통해 확인합니다.

3. 부활절을 맞아 학습을 받는 두분이 있습니다. 이 상옥성도, 안 복희성
   도. 그 신앙이 뿌리 깊게 자랄 수 있도록 기도해 주십시오.

4. 멀리 호수에서 부활란을 보내 왔습니다.
   쵸코렛으로 만든 신기한 계란입니다. 인상적인 부활선물 입니다.
   늘 기억하는 함 유경님. 감사의 뜻을 전합니다.

5. 해는 길어지고 일 또한 늘어났습니다. 오늘부터 저녁예배 시간을
   30분 늦춰 8시에 드리도록 하겠습니다.

6. 정 은순 집사의 부인 최 옥자씨가 4월 9일 (금). 원주기독병원에
   서 첫아기를 순산했습니다. 딸인데 산모와 아기 모두 건강합니다.
   순산할 수 있었다는게 얼마나 고마운 일인지요.

7. 교회 청소를 매주 토요일에 하도록 하겠습니다. 피곤함 중에도
   제단을 사랑하는 열심이 우리의 마음속에 있기를 원합니다.

8. 한동안 떠나있던 이 음천 속장, 이 덜로 속장이 다시 집으로 왔
   습니다. 한결 든든해졌습니다.

9. 병원에 입원하고 있는 안 갑순속장, 병중에 있는 오 원례, 반
   수철. 김 천복 성도를 위해 늘 기도하기 바랍니다.

＊다음주 기도 하실분＊

주 일 낮 예 배	주 일 저 녁 예 배	수 요 예 배
이 상옥성도	이 덜로 속장	함 은희

작은 교회 이야기

작은 교회 이야기

한희철 지음

1판 1쇄 발행 2011. 12. 27. | **1판 3쇄 발행** 2022. 10. 4. | **발행처** 포이에마 | **발행인** 고세규 | **등록번호** 제300-2006-190호 | **등록일자** 2006. 10. 16 | 서울특별시 종로구 북촌로 63-3 우편번호 03052 | 마케팅부 02)3668-3260, 편집부 02)730-8648, 팩스 02)745-4827

값은 뒤표지에 있습니다. ISBN 978-89-93474-89-3 03230 | 독자의견 전화 02)730-8648 | 이메일 masterpiece@poiema.co.kr | 좋은 독자가 좋은 책을 만듭니다. | 포이에마는 독자 여러분의 의견에 항상 귀를 기울이고 있습니다.

작은 교회 이야기

한희철 지음

포이에마
POIEMA

내가 먼저 초벌로 주보의 내용을 작성한 공책들. 스무 권이 넘는다.

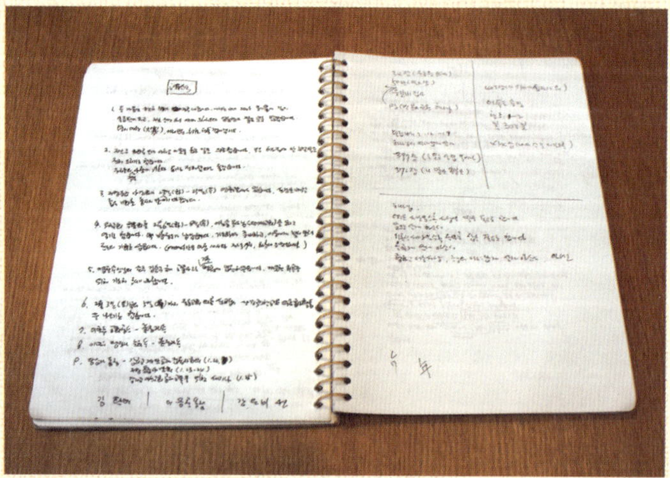

교회 소식을 전하기보다 어느 순간 마을 사람들의 소식이 되었던 공간

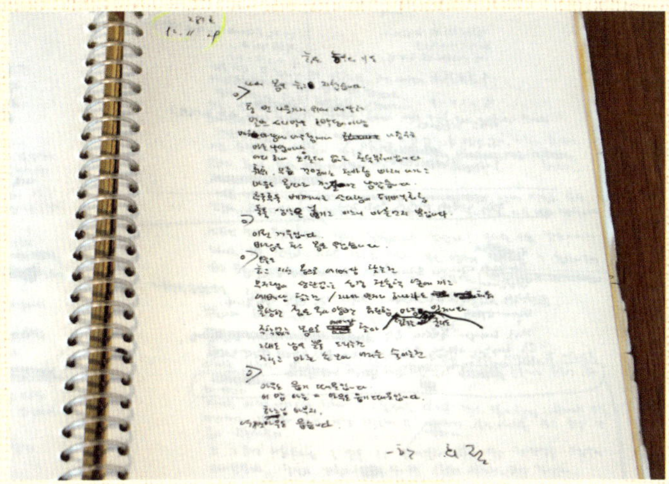

지웠다가 다시 쓰고, 하늘로 날아오를 것 같은 글씨를 용케 아내가 알아봐주었다.

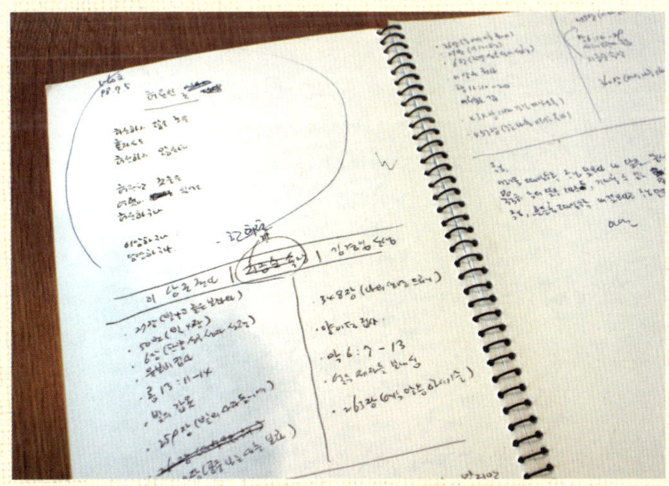

15년, 스무 명 남짓 성도들이 돌아가며 안내하고 기도한 시간들이 모였다.

< 전체순서 >

1. [illegible handwritten notes]

2. [illegible handwritten notes]

3. [illegible handwritten notes]

4. [illegible handwritten notes]

5. [illegible handwritten notes]

6. [illegible handwritten notes]

단강 사람들의 이야기에 붙인 번호는 800을 넘고, 1000을 넘고, 2000을 넘었다.

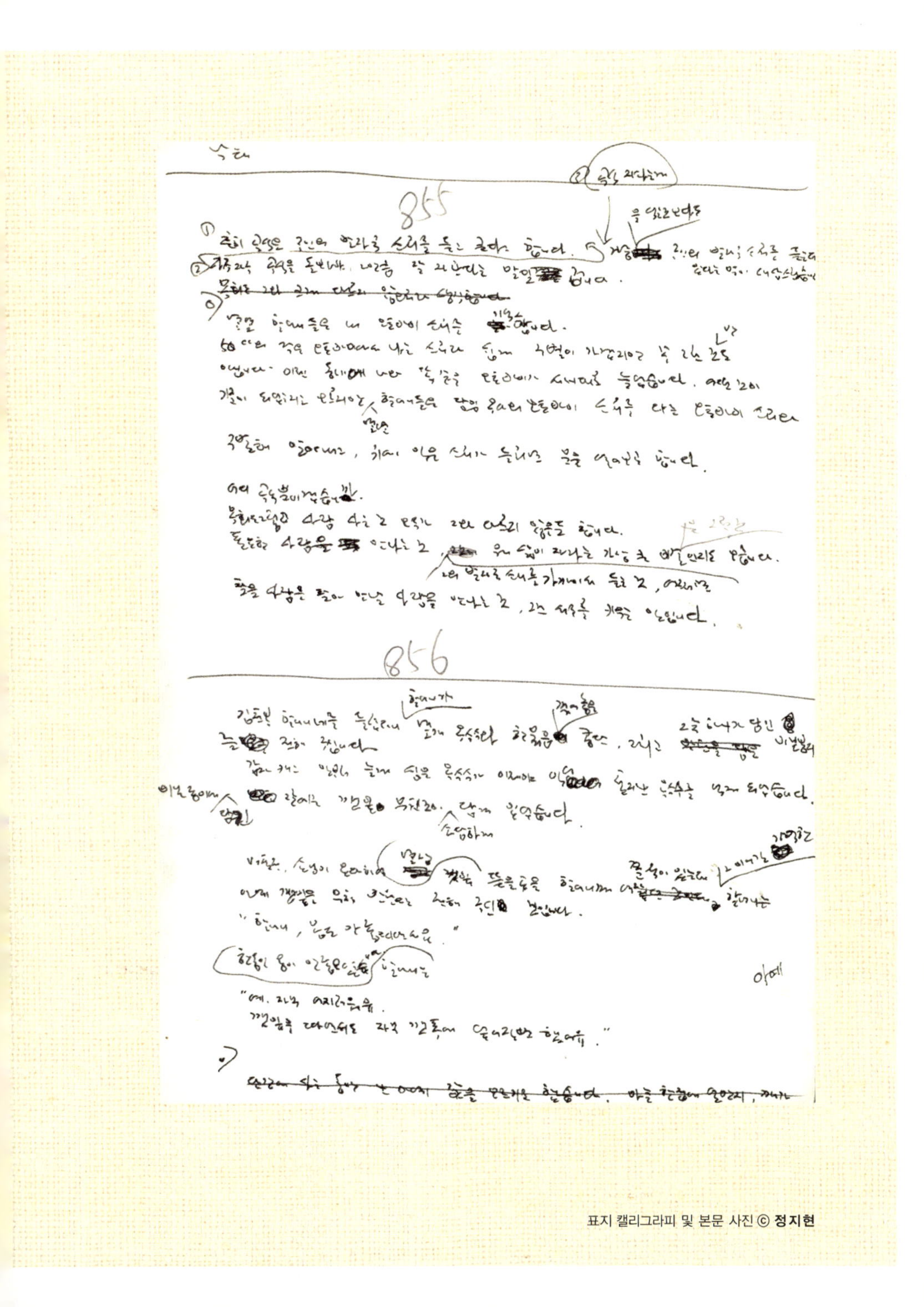

이름 없는 사람들이 이름 없이 살아가는
단강
오늘도 강가 밭에선 사람들이 일합니다.
당근 씨를 뿌립니다.
오늘도 저녁놀이 붉습니다.

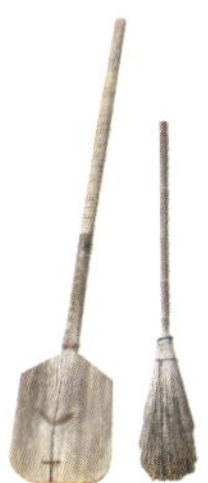

조금 특별하게 쓴 일러두기

지금으로부터 딱 1년 전, 종이 가방에 가득 든 손바닥만 한 책자를 만났습니다. A4용지를 반으로 접어 만든, 표지부터 본문까지 모두 손글씨로 꾸며진 어느 교회의 주보 뭉치였습니다.

1988년부터 2002년까지, 한두 개 연도가 빠진 채로 온 주보 묶음 중에 가장 낡은 것 하나를 꺼내 출퇴근길에 읽기 시작했습니다. 20년도 더 지난 이야기가 싱그러운 바람을 타고 마음 한가운데 들어왔습니다. 때론 웃으면서, 때론 울면서 노총각 광철 씨에게, 든든한 병철 씨에게, 유보비 집사님께, 햇살놀이방 아이들에게, 그리고 은희에게… 정을 쌓으며 친구가 되었습니다. 그렇지만 출간을 결정하기까지 사실 한참을 머뭇거렸습니다. 15년간 이어지는 이야기를 어디서부터 실어야 할지, 구성은 어떻게 해야 할지, 행여 아름다운 이야기를 포장하느라 상처를 내진 않을지, 고민되는 부분이 많았습니다. 이야기의 힘을 믿고, 연도별 주보 묶음을 사내 여러 사람에게 읽혔습니다. "반드시 책으로 다시 나와야 한다"고 "이 책은 내가 디자인하겠다"고 용기를 주는 이들이 생겼습니다. 그렇게 나오기 전부터 많은 응원을 받으며 탄생한 책입니다.

　전체 4부로 구성된 이 책은 부마다 다른 얼굴을 지니고 있습니다. 단강마을 이야기를 주로 하되 단강을 통로로 한 타지의 이야기도 함께 실었습니다. 이는 단강이라는 작은 마을이 강원도를 벗어나 전국으로, 다른 나라에까지 따뜻한 영향력을 끼쳤음을 알리고 싶었기 때문입니다. 그래서 단강의 모든 이야기를 싣지는 못했습니다. 아쉽지만 연재성이 짙은 글도 싣지 않았습니다.

　목사님이 주보에 쓰신 글의 문체(특히 서술격 조사)를 통일하지 않았습니다. 글의 특성상 '-이다'로 맺는 것이, 혹은 '-입니다'로 맺는 것이 각기 달랐기 때문입니다. 특히 2부에서는 그토록 되살리고 싶었던 주보 손글씨를 스캔하여 실었기 때문에, 오탈자나 맞춤법에 어긋난 띄어쓰기, 하느님과 하나님의 혼용 등을 고치거나 통일하지 않고 그대로 두었습니다. 20년 전 시골마을에서 매주 예배를 기대하며 쓴 사람의 수고로움을 살려 담고자 하였습니다. 현재 단강감리교회는 하나님의 뜻대로 또 다른 시간을 흘려보내고 있기 때문에 과거인 단강 이야기의 정확한 시간이나 날짜를 표기하지 않았습니다. 그리고 교회보다는 마을 공동체의 이야기를 주로 실었습니다.

　단강에 찾아가 숨은 이야기들을 찾고 사진과 자료를 고르는 등 오래된 이야기에 먼지를 털고 따뜻한 숨결을 불어넣는 작업을 하는 내내 기쁘고 행복했습니다. 단강을 그리워했던 많은 이들에게 잊을 수 없는 선물이 되기를 바랍니다.

포이에마 편집부

내 키가 얼마쯤이면 하늘의 종을 칠 수 있을까

돌아보면 멍처럼 남은 시간입니다. 아프고 아린, 그러면서 애틋한.

빛바랜 흑백사진처럼 남았다가 우연히 돌아볼라치면 눈물이 배는, 그래서 일부러라도 저만치 외면해오던 시간입니다.

돌에 새긴 글자처럼 마음에 남은 이름이기도 합니다.

언젠지도 모르고 새겨진 이름, 세월이 지나가도 지워지지 않는 이름입니다. 아니요, 갈수록 파릇한 그리움으로 다가오는 이름입니다.

퍼런 멍처럼 남은 시간, 그 이야기를 다시 합니다.

폐가의 안방 거미줄 사이에 걸려 있는 액자 속 사진처럼 든는 이 누굴까 싶기도 하고, 이제 무슨 소용 있을까 싶기도 하지만, 그럴수록 낮은 목소리로 이야기하려 합니다.

이런 시간이 있었다고,

아팠고, 아픈 만큼 행복했었다고 말하려 합니다.

숨겨진 듯 자리 잡은 마을이었습니다. 굽이굽이 흘러가는 남한강을 두고 강원도와 충청북도와 경기도가 서로 얼굴 맞대듯 어색함 없이 만나는 외진 곳이었습니다. 단강, 지금도 그 이름을 떠올리면 마음속으로는 등 하나가 커집니다.

단강을 처음으로 찾은 날은 창립예배를 드리는 날이었습니다. 작아서였을까요, 외져서였을까요, 단강엔 예배당이 없었습니다.

내내 꿈꾸어왔던 목회의 첫발을 내딛는 순간이지만 단강이 어디에 있는지 몰랐습니다. 어디로 어떻게 가는지 몰랐습니다. 격려차 예배에 참석하려는 이들이 길을 물었을 때 대답하지 못했으니까요.

1987년 3월 25일, 초봄이었으면서도 진눈깨비가 어지럽게 흩날렸습니다. 수원에서 고속버스 첫차를 타고 원주로 가며 김이 서린 차창에 황동규의 시 한 구절을 적었습니다. "살고 싶다 누이여, 하나의 피해자로라도."

원주에 도착하여 감리사님 차를 타고 어딘지도 모르는 단강으로 가며, 산과 들을 지나 마을이 나타날 때면 단강이 이쯤이어도 좋겠다 싶은 마음이 들었지만 때마다 차는 멈춰 서지 않았고, 그러다가 마침내 들어선 곳이 비포장도로, 덜컹거리는 길을 달려가며 아무 곳이라도 좋습니다, 멈춰만 주십시오, 모든 기대를 포기했을 때 그때 나타난 곳이 단강이었습니다.

단강의 첫 모습은 영락없는 '땅 끝'이었습니다. 시간이 머문 것 같았습니다. 아직도 이런 마을이 있구나, 동네 흙벽돌집은 더없이 허름했고, 길과 외양간이 구별되지 않았습니다. 마치 6·25 전쟁 영화를 찍기 위해 일부러 만든 세트장 같았습니다.

잎담배를 널어 말리던 서너 평 사랑방을 비워내고 첫 예배를 드렸습니다. 많은 사람은 아니었지만 사랑방에 모두 들어갈 수가 없어 안마당에 둘러서서 예배를 드렸습니다. 그날 순서지에도 없는 담임자 인사를 하며 "우리가 선 이 땅을 우리의 후손들은 거룩한 땅이라 부를 것입니다." 나도 모르게 목이 메었던 기억이 새록새록 떠오릅니다.

창립예배를 마치고 돌아가는 시간, 아들이 살 집을 보고 싶다는 어머니의 청을 지방 목회자들이 막아섰습니다. 그만한 이유가 있었던 것이지요. 벽을 따라 굵은 금이 간 허름한 흙벽돌집, 사택이랄 것도 없는 집을 보며 어머니는 눈물을 훔치며 돌아섰습니다.

돌아가는 일행에는 결혼을 약속한 아내도 있었지요. 목회자의 아내가 되겠다는 어려운 결정을 하였지만, 단강의 모습을 보고는 혹 마음이 바뀌는 건 아닐까, 혼자 남은 마음속엔 그런 우려도 지나갔습니다.

그날 밤, 낯선 땅에서 홀로 밤을 맞는 심정은 광야에서 돌베개를 하고 잠을 청해야 했던 야곱의 심정과 크게 다를 것이 없었습니다. 그렇지만 드는 생각이 있었습니다. 뛰지 말고 걷자, 비를 처음 맞는 사람이야 옷이 젖을까 뛰지만, 이미 다 젖은 자는 느긋하게 걸을 수 있는 것, 무엇 따로 기댈 것 없다는 사실에 오히려 마음이 편해졌습니다.

머리를 한껏 숙여야 들어갈 수 있는, 둘이 누우면 더는 여유 공간이 없는 골방 문 위에 "소유는 적으나, 존재는 넉넉하게" 한마디를 써붙이고는 방으로 드나들 때마다 머리 숙여 그 의미를 곰곰이 생각하곤 했습니다.

단강교회 창립예배 드리던 날, 예비 신부였던 아내와 함께.
그 오지에 기꺼이 동행한 아내가 늘 고맙다.

도대체 이 땅에서 나는 무엇을 할 수 있을까, 하루 서너 대 마을을 지나가는 버스보다도, 어느새 떨어져 비고 마는 쌀통의 쌀보다도 힘들고 답답했던 것이 존재의 이유였습니다.

단강은 농촌의 문제들을 모범생처럼 모두 끌어안고 있는 마을이었습니다. 젊은 사람들은 거반 동네를 떠났고, 힘없고 병약한 노인 분들이 남아 마을을 지켰습니다. 마을 저 아래로 남한강이 유유히 흘러가는 아름다운 경치를 두고 그 땅에 살고 있는 이웃의 아픔은 그분들의 얼굴과 손마디에 패인 주름만큼이나 깊고 선명했습니다.

몇 안 되는 교우들이 품앗이로 일을 하다 보면 그나마 예배에 참석하기가 어려웠습니다. 주일예배를 10시에 드리게 된 것은 그 시간이 새참 시간이기 때문입니다. 마을 사람들과 함께 일하다 새참 시간이 되면 새참을 먹지 않고 예배당으로 달려와 예배드리는 교우들이 있었습니다. 흙투성이 몸으로 차마 예배당(그래야 작은 방이지만)으로 들어오지 못하고 문 밖에 선 채로 잠깐 예배에 참석했습니다.

그 일도 어려웠던 교우들은 피곤한 몸으로 저녁예배에 참석하여 '주일예배 빼먹은 죄인'임을 고백하며 밀려드는 졸음을 쫓기 위해 허벅지를 꼬집곤 했습니다. 그러다 주르르 코피라도 흐르면 아무렇지도 않은 듯이 걸레를 가져다 코피를 닦았습니다. 그러나 그때마다 나는 멍해지고 말았습니다.

가뭄 끝 내린 단비로 밀려 있던 모를 밤늦게까지 내고 흙투성이가 되어 돌아오는 교우들을 보고는 다음 날 새벽기도 시간에 일부러 종을

치지 않은 적도 있습니다.

내가 이 땅에서 할 수 있는 일이 무엇일까, 이웃의 아픔을 안타까운 마음으로 바라보는 것이 전부일까, 모래바람 같은 막막함 끝에 시작한 것이 이야기였습니다.

이야기 속에는 슬픔을 이길 힘이 있다는 것을 믿습니다. 도시교회에서 교육전도사로 일하며 학생들에게 동화를 써서 보여주었던 것도 그런 마음 때문이었습니다. 슬픔 가운데 있든 절망 가운데 있든 누군가와 이야기를 나눌 수 있다면, 누군가 내 이야기를 귀담아 들어주는 이가 있다면 그것이 구원으로 이끌 수 있다고 믿습니다.

하루하루 삶을 기록해나갔습니다. 내가 만난 이웃의 모습과 삶, 그들이 들려준 이야기, 철 따라 바뀌는 자연의 세밀한 모습 등을 꼼꼼하게 기록하기 시작했습니다. 눈물겨운 이야기가 많았습니다. 봄철 사방을 덮는 비닐 물결보다도, 마을 앞을 흘러가는 남한강의 물결보다도 내 이웃을 통해 만난 눈물의 물결이 더 유장할 것이라 생각합니다.

흙물 풀물이 배고 군살이 박힌 손으로 쓰기 시작한 이야기, 그렇게 이야기를 시작한 것은 나 자신을 지키는 자구책이기도 했고, 나를 지지해주는 버팀목이기도 했으며, 단강을 사랑하는 안간힘이기도 했습니다. 농촌에 남아 있는 희망이 무엇이냐 묻는 이들에게 절망하지 않는 것이 희망이라 대답했던 것은 그런 경험에서 비롯된 것이었습니다.

지렁이 형상으로 글을 쓰면 아내가 일일이 해독하여 정성스럽게 옮

가장 먼저 지어진 단강교회 예배당 안.
제단에 놓인 꽃은 들꽃이다. 제단 앞에 모인 이들은 흙과 함께 살아가는 사람들.
보니, 지붕도 흙이다.

겨 적었고, 그것을 필요한 만큼 복사하여 교우들과 나누어 읽기 시작했습니다. 고만고만한 이야기들이 담기는 초라한 주보였습니다. 화롯가에 둘러앉아 머릴 맞대고 이야기를 나누는 모습을 생각하며 〈얘기마을〉이란 이름을 달았습니다.

서른 부, 쉰 부, 일흔 부, 백 부, 그러던 것이 나중에는 칠백 부가 되었습니다. 〈얘기마을〉에 담긴 이야기는 바람을 탄 민들레 홀씨처럼 사방으로 흩어졌습니다. 생각지 못한 곳에 내려 뿌리를 내렸고, 꽃향기처럼 따뜻한 메아리로 돌아오기도 했습니다. 어느새 마음을 나누며 함께 길을 걷는 따뜻하고 고맙고 든든한 믿음의 벗이 돼주었지요. 종교와 나이와 지역과 직업의 벽이 무너진, 언제 돌아보아도 두고두고 행복하고 즐거운 기억으로 남아 있습니다.

천상병 시인은 〈귀천〉이란 시에서 "아름다운 이 세상 소풍 끝내는 날, 가서 아름다웠더라고 말하리라"고 노래했습니다. 아이처럼 마음이 천진무구한 이만 노래할 수 있는, 천의무봉天衣無縫과 같은 절창이라 여겨집니다.

내 생애에서 가장 아름다운 소풍의 순간을 들라 하면 빠뜨리고 싶지 않은 순간이 있습니다. 단강초등학교 어린이들과 함께 다녀온 여행입니다. 단강에는 초등학교가 있었는데, 갈수록 학생 수가 줄어들었습니다. 마을에 젊은 사람이 줄어들다 보니 자연스럽게 나타나는 현상이었습니다.

첫째인 소리 학년이 네 명, 둘째 규민이 학년이 여섯 명, 막내 규영이 학년이 다섯 명, 모두 두 학년이 한 반에 모여 공부했으니까요. 달리기 시합에서 아무리 천천히 걸어가도 공책을 받을 수 있고, 공부를 아무리 못해도 전교 십 등 안에 드는, 생각해보면 참 좋은 학교이긴 했지만 문제는 문을 닫아야만 하는 처지였다는 점입니다.

작은 학교를 유지하는 것이 비효율적이라 생각한 교육부에서 전교생 백 명 이하의 학교를 폐교시키는 정책을 폈습니다. 여러 해 학교 운영 위원장을 맡아 단강초등학교를 살려 보려고 애를 썼지만 한계가 있었습니다. 졸업하는 학생은 있는데, 들어오는 학생이 없으니 어쩔 도리가 없었습니다.

어느 날 학부모 회의를 하며 엉뚱한 이야기를 꺼냈습니다. 더는 학교를 지키는 일이 어려울 것 같다, 그렇지만 학교가 문을 닫기 전 우리 아이들에게 마지막으로 좋은 선물을 주고 싶다고 말했습니다.

허튼 소리를 할 사람은 아닌데 지금 무슨 이야기를 하는 건가 하고 학부모들이 의아한 표정으로 귀를 기울였습니다. 아이들의 고향인 단강은 학교도 문을 닫아야 할 만큼 너무나 작지만 세상이 얼마나 넓고 아름다운지를 보여주고 싶다고 말했을 때, 한동안 모두 아무런 말이 없었습니다.

무모해 보이는 일은 그렇게 시작되었습니다. 아이들과 동네 모든 개울을 대대적으로 청소하고 고물을 팔기도 했습니다. 삼만 오천 원이었던가요, 받아든 돈은 아주 적었지만 땀이 가득 밴 돈이었습니다. 동네

한 분이 밭 이천칠백 평을 빌려주었고, 우리는 그 땅에 보리를 심었습니다. 엄청난 일을 벌여놓고, 우리가 이런 일을 하니 당연히 도와야 하지 않겠느냐는 투로 누군가에게 손을 내밀고 싶지는 않았습니다. 경운기며 트랙터며 삽과 괭이 등을 들고 온 동네 사람들이 나와 함께 보리를 갈던 날, 그날 아침 풍경을 떠올리면 지금도 마음에선 짙은 안개처럼 피어올라 밭을 감쌌던 더운 김이 다시 피어오릅니다. 아이들과 손을 잡고 눈 덮인 보리를 밟던 순간을 떠올리면 다시 함박눈이라도 내리는 듯싶습니다.

이야기를 들은 한 항공사에서 항공료를 반값으로 할인해주었고, 외교부 주선으로 미국 대사관에서는 학생과 선생님의 비자를 모두 발급해주었습니다. 서류를 갖추느라 준비한 한 가정의 통장 잔고 마이너스 이천만 원도 전혀 문제 되지 않았습니다. 딸이 이혼하여 외손자를 돌보고 있는 동네 할아버지가 눈물로 부탁했던, 외손자도 꼭 같이 가게 해달라는 부탁을 들어드릴 수 있어서 크나큰 기쁨을 느꼈습니다.

LA를 거쳐 워싱턴에서 열흘 동안 시간을 보냈습니다. 엄마 아빠는 아직 비행기를 타보지 못했는데 우리가 먼저 비행기를 타게 되어 미안하다는 아이들과 함께 넓은 세상을 둘러보았습니다. 그 시간은 마치 꿈만 같았습니다.

단지 해외여행을 했다고 떠벌이기에는 너무도 소중한 시간이었습니다. 당시 조영진 목사님이 담임하던 워싱턴 한인교회에서는 교회 창립 50주년 기념 행사의 하나로 단강초등학교 학생들과 교사들을 맞아주었습니다. 주님 안에서 나눌 수 있는 사랑이란 이런 것이구나, 지극한 정성과 사랑을 느꼈습니다.

미국의 초등학교를 찾아가 함께 수업을 받으며 단강초등학교 교가를 부르기도 하고 태권도 시범을 보이기도 했습니다. 미국 대학교를 찾아가 연구실을 둘러보았고, 미국 의회를 방문하여 지한파 의원의 이야기를 듣기도 했습니다.

어렸을 적 미국으로 건너와 지금은 훌륭하게 자리를 잡은 분들의 눈물나는 경험담을 듣는 시간도 보냈습니다. 프로그램 사이에 짧게 나눈 이야기였지만, 그 어느 것보다도 가슴을 뜨겁게 하는 이야기들이었습니다. 그때 들은 이야기 중에서 지금도 생각나는 말이 있습니다.

"나는 여러분만 할 때 일본이 세상의 끝인 줄 알았어요. 그런데 지금 여러분은 미국에 와 있으니 이 얼마나 놀라운 일이에요. 원대한 꿈을 품으세요."

어느새 아이들 사이에서는 자연스럽게 구호가 생겨 "하나" 하면 "꿈!"이라 외쳤고, "둘" 하면 "노력!" "셋" 하면 "하나님!" 하고 외쳤습니다. 꿈을 품고 노력하며 하나님을 신실하게 믿으면 마침내 꿈을 이룰 수 있을 거라는 다짐이기도 했습니다. 곳곳에서 마음을 벅차게 하는 일을 만날 때마다 자연스럽게 외친 그 말은 이 세상 삶이 다할 때까지 절대 지워지지 않을 다짐으로 모든 사람의 마음속에 새겨졌으리라 생각합니다.

'꿈의 씨앗 심기' 시간을 마치고 귀국을 하고서 단강초등학교에서

단강초등학교 어린이들과 미국 여행 중 미국 국회의사당 앞에서

열린 보고회, 그 자리에 참석하여 그동안 있었던 이야기를 들은 교육청 관계자가 뜻밖의 약속을 했습니다.

"단강초등학교는 우리나라에서 가장 작은 학교인 줄 알았는데, 오늘 보니 가장 큰 학교입니다. 앞으로는 동네에서 원하지 않으면 학교를 없애지 않겠습니다."

끝내 마음에만 품고 있었던 소원이 이루어지는 순간이었습니다. 누구에게도 말하지 않았지만 여행을 통해 아이들에게 정말로 주고 싶었던 마지막 선물은 학교를 끝까지 지켜내는 것이었으니까요. 놀랍게도 교육청에서는 학생 한 명이 남을 때까지 단강초등학교 문을 닫지 않았습니다.

"하나님을 크게 웃기려거든 그분에게 너의 계획을 이야기하라"는 말이 있습니다. 나도 모르는 사이 마음의 고향으로 자리 잡았고, 평생 지내도 좋겠다 싶은 단강을 떠나 독일에 가게 될 줄은 전혀 생각하지 못했습니다. 어려움을 당한 채 쓰러진 교회 이야기를 듣고는 주님이 나를 다시 한 번 광야로 내몰아가신다는 마음으로 길을 나섰습니다.

낯선 땅을 찾아가 마주해야 할 어려움과 오해보다는, 우리가 교회에 나올 테니 단강을 떠나지 말아달라는 마을 분들의 청을 등지기가 어려웠습니다. 나 죽으면 마지막 옷 갈아입혀 달라 하셨던 교우들은 물론, 단강초등학교 어린이들과 헤어지는 일 또한 정말로 고통스러운 일이었고 뜨거운 눈물을 많이도 흘려야 했습니다.

독일에서 맞은 어느 해 성탄절엔 "농촌의 깜박불을 아주 끄지 마소서!"라는 시간을 보냈습니다. 한국의 농촌 이장 네 명을 독일로 초대한 것입니다. 선진 농업 현장을 둘러보며 새로운 기술을 배울 기회를 마련하기 위해서가 아니었습니다.

그 일을 준비하며 들었던 생각은 '모든 사람이 당신의 아픔을 모르는 것이 아니다'라는 것이었습니다. 그 마음을 전하고 싶었습니다. 먼 이국땅에는 큰 관심을 보이면서도 바로 옆 강도 만나 쓰러진 농촌에는 관심이 없는 한국 교회에 뭐라 소리라도 외치고 싶은 심정이었습니다. 성탄절, 우리는 그들의 이야기를 눈물로 들었고, 그들은 우리의 마음을 눈물로 받았습니다.

오래된 이야기, 현실과 동떨어진 이야기를 다시 하는 것이 불씨를 살려내는 일이 되었으면 좋겠습니다. 재를 뒤적여 입김을 불어댐으로 불씨를 살려내듯, 여전히 존재하는 아픔과 절망 속에서 희망을 찾아내는 일이 되었으면 좋겠습니다. 함께 까치발을 하여 하늘의 종을 치는 일이 되었으면 좋겠습니다.

끝내 외면할 수 없는 곳이 우리 곁에 있음을, 땅 끝은 지도 끝이 아니라 마음 끝에 있음을, 땅 끝을 향해 손을 내미는 것이 모두 살아나는 일임을 확인하는 계기가 되기를 감히 기대합니다.

단강을 아름다운 시간, 마음의 고향으로 함께 일군 사랑하는 아내 강은미와 이제는 어엿한 청년이 된 소리, 규민, 규영, 그리고 그 삶을 살

교회가 세워지고 첫 번째로 열린 여름성경학교. 사진 뒤편의 방이 단강교회 예배실이었다.

수 있도록 기도와 격려로 너무나 큰 힘을 주신 모든 분에게 머리 숙여 감사합니다.

김천복 할머니, 허석분 할머니, 안갑순 속장님… 지금은 모두 주님 품에 안기신 분들입니다. 하나님 가슴과 다름없었던 단강을 호미와 기도로 일구셨던 그분들의 따뜻한 웃음을 기억합니다.

2011년 겨울

한희철

뱀 조심하세요
- 변 학수 성도님이
지난 6일
논에서 피를 뽑다가
뱀에 물려
병원에 입원중입니다.
위해서 기도해 주시고
이런 일을 계기로
일하실때 더욱
조심하시기 바랍니다.

앞마당

시어머니가 차려준 생일상

"목사님, 식사하셨어요?"

규성이 아버지에게서 전화가 온 것은 저녁을 먹으려고 막 상에 앉을 때였다. 수저를 들려던 참이라 하자 잘 됐다며 어서 자기 집으로 올라오라 한다.

"왜 그래? 토끼라도 잡았나?"

병철 씨의 목소리가 급히 올라가지 않으면 안 될 만큼 다급하기도 하고 다정다감하기도 했던지라 다 차린 저녁상을 두고 일어나야만 했다.

"산토끼라도 잡았나?"

궁금한 마음에 집을 나서며 아내에게 물었더니 그렇잖아도 저녁에 젊은 여자들이 규성이네에 모이기로 했다고 하는 게 아닌가. 규성이네

에 도착해보니 벌써 많은 사람이 모여 저녁을 먹고 있었다. 상 위엔 이런저런 음식이 푸짐하게 차려져 있었다. 잘 보니 떡도 있었다.

"도대체 오늘이 무슨 날이야, 병철 씨?"

궁금한 마음에 다시 물었다.

"아니에요. 날은 무슨 날. 그냥 저녁 드시라고요."

병철 씨가 싱글싱글 웃으며 싱겁게 대답한다. 그때 같이 올라와 있던 유보비 집사님이 이야기를 했다.

"글쎄, 오늘이 규성이 엄마 생일인데요. 이필로 권사님이 며느리 생일상을 직접 차리신 거래요."

생일을 맞은 규성 엄마를 위해 시어머니인 이 권사님이 음식을 차리고 동네 젊은 사람들을 초대한 것이었다. 이런 시어머니가 어디 있느냐고. 모든 시어머니가 본받아야 한다고 한마디씩 하며 정겹게 저녁을 나눴다. 식사를 마치고는 이정범 씨 내외가 부론에서 들어오며 사온 케이크를 자르는 시간을 보냈다. 전깃불을 끄고 케이크 위에 촛불을 밝혔다. 환하게 빛나는 촛불들!

"생일 축하합니다."

다 같이 박수를 치며 생일 축하 노래를 불렀다. "사랑하는 ○○○" 하는 대목에 이르렀을 때 대부분 "규성이 엄마"라고 했다. 노래가 끝났을 때 나는 다시 한 번 부르자 했다. 이번엔 "사랑하는 명옥 씨"로 고쳐 불렀다. 아무개 엄마가 아닌 원래 나 자신으로, 모든 의무감에서 벗어나 한 자연으로 생일을 축하하고 싶은 마음에서였다. 노래가 끝나

자 규성이와 아름이가 엄마 양쪽에서 폭죽을 터뜨렸고 오색 종이테이프가 규성이 엄마 머리 위로 곱게 퍼져내렸다. 테이프를 걷어내는 규성이 엄마의 웃음이 행복했다.

"다시 전해, 다시 전해."

무슨 얘긴가 했더니 규성이 아버지가 아내의 생일을 위해 특별한 선물을 준비했는데, 다름 아니라 꽃을 사가지고 온 것이었다. 저녁 무렵 부리나케 문막으로 나가 꽃을 샀다고 했다.

"생전 츰으로 꽃을 사봤어요. 쑥스럽드라고요."

병철 씨가 머쓱한 표정을 지었다. 나무 등걸처럼 거칠게 갈라진 손으로 아내를 위해 처음으로 산 꽃. 안개꽃에 어울린 장미는 그래서 더욱 아름다웠다.

밤이 늦도록 음식을 나누며 즐거운 시간을 보냈다. 며느리를 위해 생일상을 차려준 시어머니의 드문 정성이 내내 우리의 마음을 훈훈하게 해주었다.

당신의 거룩한 땅, 단강

작은 교회 이야기

단강교회가 세워진 지 꼭 1년이 되는 날이었다. 무모하게도 창립예배 드리던 날 어딘지도 모르고 첫발을 내디딘 이곳이었다. 감리사님 차를 타고 이곳으로 향하여 꼭 땅 끝으로 가고 있진 않나 싶었던 곳. 굽이굽이 길을 돌 때마다 나타난 작은 마을들.

여길까 싶으면 또다시 길 하나를 돌고, 그러길 몇 번, 막상 도착한 마을은 떠나며 품었던 나름의 생각이 그래도 쉬운 것이었음을 한눈에 말해주고 있었다. 어딘들 어떠랴 했던 마음속 한가닥 막연한 낭만기가 한꺼번에 사라졌다. '생존의 현장이구나.' 아마 그 감정이었을 게다.

춘설이 섞인 찬바람이 어지러이 몰아쳤던 그날. 예배실로 쓸 좁은 사랑방에 다 들어갈 수 없어 마당에 빙 둘러서 예배를 드리며, 내가 지금 어디에 선 건지, 이렇게 시작되는 내 목회의 방향은 어디로 향하는 건지, 어쩜 모든 사람에게서 잊히는 삶을 살 필요가 있겠다 싶은, 아무튼 여러 생각이 겹쳤다.

작은 쪽지 하나에 급하게 타이프를 친, 순서지에도 없는 담임자 인사를 하며 난 생각지도 못했던 눈물을 떨궈야 했다.

"지금 우리가 선 이 땅을 우리의 후손들은 분명히 거룩한 땅이라 부를 것입니다."

선언하듯 인사를 대신하니, 부족한 자 홀로 이 땅에 세우시는 하나님의 손길이 구체적으로 다가왔다. 어느 것 하나 기억해내지 못했지만 대부분 위로였으리라. 손을 잡고 안쓰럽게 말을 건넸던 많은 사람들. 그러곤 사람들은 돌아갔다. 장모님의 눈물 닦는 모습을 우연히, 그러나 착잡하게 지켜봐야 했다. 그걸 알기까진 얼마간 시간이 걸려야 했지만 그때 난 휑하니 혼자 떨궈진 셈이었다. 떨궈진이란 말이 맞다. 그때 그 자리, 그 자리에 대해 정말 책임 있는 사람들은 의외로 적었다. 인간의 우연을 당신의 필연으로 바꾸시는, 그게 그분의 뜻이라지만.

그게 꼭 1년 전의 일이다. 지금의 붉은 벽돌, 아담한 예배당과 목사관이 있기까지 있었던 여러 가지 일들. 모두 내겐 귀한 교훈이다. 흔들릴수록 살아 있음을 확인할 수 있었던, 어려웠지만 고마운 시간이기도 했다. 보통 창립 1주년이 되면 초청장을 돌려 손님을 청하고 음식을 차려 큰 잔치를 벌이는 것이 상례인 줄 안다.

여러 가지로 생각하던 끝에 조용하게 지나기로 했다.

창립예배, 기공예배, 봉헌예배 등 그동안 큰 행사가 계속되었는데 또 한 번 잔치를 한다는 것이 혹 마을 주민들에게 '잔치하는 교회'라는 인식을 주는 건 아닌가 싶어서였다. 잔치 대신 동네에 계신 할아버지, 할머니 들을 모셔 점심을 대접해드렸다. 일하실 때 햇빛 가리시라고, 땀 닦으시라고 수건을 준비해 선물로 드렸다. 조촐하게 끝난 행사였지만 창립 1주년을 맞는 우리에겐 새로이 우리 자신을 뒤돌아보는 계기가 되었다. 주님, 저희가 첫돌을 맞았습니다. 아직 어린 것이 뭘 알겠습니까만 엄마 얼굴 알아보고 엄마 오면 좋아 웃는 아기처럼 우리도 당신 모습 알아보며 당신 기뻐하게 하소서.

따뜻한 겨울나기

아침 일찍 문 두드리는 소리가 났다. 은희 할머니였다. 할머니는 머리에 제법 큰 양은그릇을 이고 오셨는데, 쌀이었다. "한 해 농사짓고 방아도 찧고 보니 생각 나서, 좀 잡수시라 가져왔어요."

할머니는 교회 나오시는 분이 아니다. 그 한 가지 이유만으로도 할머니가 쌀을 가져오신 것은 뜻밖의 일이었다. 그저 가끔 뵈면 인사를 드렸을 뿐, 좋은 이웃이 되어 드리지도 못했는데. 할머니는 허리가 반쯤은 굽으셨다. 그 굽은 허리로 논에서, 밭에서 일하시는 모습을 뵙곤 했었다. 또한 그분은 님 없는 아픔을 지닌 채 살아가시는 분이다.

아들과 며느리, 손녀 세 명과 함께 살고 계신데, 모두 할머니의 손길이 필요한 사람들이다. 안 마셔봐서 괜찮다며 끓는 차를 사양하고 돌아서신 할머니. 불어대는 찬바람과는 달리 따뜻한 아침이었다.

버스를 타고 원주에 나가다 보면 부론에서 잠시 쉬게 된다.

부론에 내린 집사님과 인사를 하고 앉아 있는데 "이것 좀 드세요" 하며 드링크제와 우유를 내민다. 성미 어머니였다. 섬뜰에 사시는 아주머니다. 물론 그분도 교회에 나오는 분은 아니다.

은희 할머니와 성미 어머니 이야기를 하는 건 그런 식으로 내가 교회에 나오지 않는 마을 사람들에게 인정을 받고 있다는 그런 은근한 자기 과시를 하기 위해서가 아니다. 은희 할머니가 쌀을 가져오셨을 때나 성미 어머니가 마실 것을 전해주었을 때 순수한 감사의 마음이 들었다. 또 이런 생각도 들었다. 혹 하늘에 대한 외경심을 교회 밖 사람들이 더 품고 있는 건 아닐까 하는 생각 말이다.

교회 생활에 익숙해져서 교회 안 사람들이 잃어버린 하늘에 대한 두려움과 경외심을 그래도 그들은 선선하게 지키고 있는 건 아닐까? 열린 마음으로 살아야 하는 이유는 바로 이런 일에서 연유하는 것이리라.

시골 마을의 졸업식

햇살이 따스했던 지난 16일에 단강초등학교 졸업식이 있었다. 45회 졸업식. 졸업생은 7명이다. 녹음기에서 흘러나오는 반주에 맞춰 애국가를 부름으로 졸업식은 시작되었다. 작은 교실 한 칸, 그것도 빈자리가 남아 있어 허전했다. 맨 앞줄, 나란히 한 줄로 앉아 있는 졸업생들의 가슴에 달려 있는 제각기 다른 모양의 조화造花가 마음에 걸렸다.

비용이 좀 들더라도 내년부턴 생화를 준비해야지 하는 마음을 담아둔다. 값을 떠나 그게 축하요, 축복이지 싶었다. 일곱 명이 번갈아가며 나가 상을 받은 시상식. 6년 개근 3명, 6년 정근 2명, 1년 개근 6명. 빠지면 금세 표 날, 선생님 허전해하실 그 모습 생각하며 아이들은 꾸준히 모였던 것이다. 시상식 맨 끝 순서, 교회에서 준비한 장학금을 전했다.

시상문에는 액수에 비해 거한 내용이 담겨 있었다.

오늘 우리가 이 땅에서 가질 수 있는 가장 분명한 나라 사랑의 길과
하나님 사랑의 길이 황폐해진 농촌을 사랑하고 고향을 지키는 일임
을 잘 알기에, 우리는 위 어린이의 졸업을 축하하며 우리의 작은 정
성이 고향 사랑으로 이어질 수 있기를 빌며 이 장학금을 드립니다.

모두 일어나 교가를 부름으로 졸업식은 끝났다. 앨범도 꽃다발도 없
었던 졸업식. 아이들은 준이 엄마가 가져온 작은 사진기로 학교를 배
경 삼아 사진을 몇 장 찍었다.

성진네서 점심을 차렸다. 졸업생 가정에서 얼마씩을 모았단다. 교
장, 교감 선생님을 포함한 학교 선생님이 다섯 분. 그 외 손님들까지
열댓 분이 자리를 같이했다. 옹기종기 상 위에 가득한 찬들, 그중 작은
민물고기가 담긴 매운탕이 눈길을 끌었는데 아마 성진이 아버지가 직
접 잡은 고기였을 게다. 한 배 두 배 술잔이 돌아갔다. 학부모가 선생
님께, 선생님이 학부모께, 교장 선생님께, 수고하셨다고, 미안하다고.
술기운 때문이었을까. "20년 교장 생활에 일곱 명 졸업은 처음이었
다"라는 조촐한 졸업식이 초라하지만은 않았다.
자조였을까.
작년 4학급이 새해엔 그나마 입학생이 많아 6학급이 된다는 위로도

적진 않았고, 얼마 전 두 명이 졸업하곤 더 학생이 없어 문을 닫았다는 같은 군내의 임암분교 이야기에 미리 체념해버린 덕이기도 했다. 오전반과 오후반을 나누고도 넘치는 학생으로 몸살을 앓는 도시의 과밀 학급을 두고, 빛바랜 동화 속 이야기인 듯한 시골 학교 졸업식은 그렇게 끝났다.

한 해, 그리고 또 한 해가 흘렀다. 아홉 해가 흘렀다. 농촌에서는 흔하게 볼 수 있는 졸업식이 또 한 번 거행되었다. 54회 졸업식에 졸업생은 단 7명이 되었다. 한때는 수백 명씩 되어 오전반 오후반으로 공부를 했다는데, 텅 빈 농촌의 졸업생은 이제 7명뿐이다. 다음 해 졸업생이 4명뿐임을 생각하면 7명이 적은 숫자는 아니지만 말이다.

졸업생 7명과 재학생 20여 명, 몇몇 기관장들과 마을 분들이 교실 한 칸에 모여 졸업식을 했다. 테이프에서 흘러나오는 반주에 맞춰 애국가를 부른 뒤 교감 선생님의 학사보고가 있었다. 보고는 태연한 듯 싶었지만 듣는 이의 마음은 한없이 안쓰럽고 안타까웠다. 예산 문제로 시골의 작은 학교들을 통폐합시킬 거라는 이야기를 익히 들어 알고 있었기 때문이다. 이런 졸업식조차 얼마나 더 이어질 수 있을지 아무도 모른다.

상장과 장학금을 받는 순서, 졸업생 7명이 서너 번씩 나와 상장과 장학금을 받았다. 누구 하나 빠짐없이 상을 받는 모습이 그나마 위로가 되었다. 그동안의 수고를 칭찬하며 새로운 출발을 선하게 격려하는 의

미가 담겨 있다 여겼다.

　학교장 회고사에 이어 재학생 대표의 송사와 졸업생 대표의 답사가
있었다.

　　힘든 일 같이 이겨낸 언니 오빠 들, 같이 보낸 긴긴 여름. 그 긴 6년
　　간 우리는 친형제, 친자매처럼 정을 소복이 쌓았습니다. 둥지를 떠
　　나는 아기새처럼 학교를 떠나시는 언니, 오빠… 낯선 곳에 간 언니
　　오빠 들이 잘 지낼 수 있게 저희가 기도하겠어요. 부디 졸업을 하셔
　　도 꿈과 용기를 잃지 말고 저희를 기억해주세요.

　송사를 읽는 동안 뒤에서 훌쩍이는 소리가 나 바라보니 어느샌가 재
학생들의 눈이 다 젖어 있었다. 모두 터질 듯한 울음을 참느라 애쓰고
있었다. 이어진 답사, 졸업생 대표의 목소리는 착 가라앉아 있었다.

　　사랑하는 아우들, 같은 학교에서 같은 교실에서 함께 숨 쉬며 기쁨
　　과 슬픔을 함께 나누었던 소중한 아우들! 학교를 빛내주지 못하고
　　이렇게 떠나지만 우리가 맺은 오누이의 정은 가슴 깊이 새겨 빛내주
　　시기 바랍니다.

　모든 이의 눈이 다 젖어 있었다. 그나마 울음이 터지지 않아 다행이
라 여겼던 것은 그렇게 울음이 터져버리면 누구 하나 달랠 사람이 따

로 없을 것 같았기 때문이다.

나라가 아무리 어려워도 지킬 것은 지켜야 할 것, 돈이 없어 치욕적인 IMF를 보내고 있는데 식량이 없다면 얼마나 굴욕적이고 치명적일까. 농촌 학교를 너무 쉽게 없애는 것은 농촌의 기반을 다시 한 번 무너뜨리는 일이다.

졸업식을 바라보며 내내 마음이 아팠던 것은 마음으로 찾아드는 예감에 끝내 두려웠기 때문인지도 모른다.

농사꾼의 고집은 이런 것이다

작은 교회 이야기

끝내 김천복 할머니는 응하지 않았다.

맘씨 좋기론 둘째가라면 서러운 할머니셨지만 당신의 괴로운 마음을 두곤 노래할 수가 없었던 것이다.

김천복 할머니 사정을 잘 아는 터라 그런 맘을 이해할 수 있었는데, 박민하 성도님의 거절은 의외였다. 강가 밭, 마늘을 캐고 계시던 박민하 성도님은 딴 날은 몰라도 오늘은 안 된다고 요지부동이셨다.

이 바쁜 철 노래하면 지나가던 사람이 웃을 일이라며, 일손 돕느라 새 며느리가 원주서 왔는데, 며느리 앞에서 어찌 시아버지가 노래할 수 있겠느냐며 아주머니도 거드셨다. 한두 마디만 해도 괜찮다는, 노래하면 같이 일손 거들겠다는 그럴듯한 설득에도 끝내 사양하셨다.

벌써 3주일이 지났다.

주일 오후, KBS 촬영팀이 단강을 찾았었다. 결국 강가 옥수수 밭만 촬영하고선 돌아가야 했다. 송진규 선생님이 동행했는데 각 지방 잊혀져가는 옛 소리를 발굴하고 있는 선생님의 작업을 촬영하기 위해서였다. KBS 특집 방송을 준비하는 중이라 했다. 지난번 〈태백〉 잡지에 "남한 강변의 신아리랑"이란 제목으로 단강마을의 소리가 소개됐고 그중 김천복 할머니와 박민하 성도님의 기억이 많은 도움이 됐었는데, 막상 촬영을 하려 하니 그분들이 응하질 않았던 것이다. 먼 길 왔던 분들이 그냥 빈 걸음 되게 한 건 영 미안한 일이었지만 사실 그분들의 거절에 은근히 기분이 좋았다. 농부의 자존심이랄까. TV에 나온다고 들뜬 맘 될 수도 있었을 텐데 바쁜 일손을 두곤, 슬픈 마음을 두곤 어림없다는 마음으로 한 거절. 쉬운 일 같지만 그게 얼마나 멋진 일인가.

맞다. 노래는 아무 때나, 남의 요구에 응해 하는 건 아니다. 그게 소리였는지도 모른다.

제 혼자 흥에 겨워선 몰라도, 제 혼자 슬픔에 겨워선 몰라도, 보란 듯이 부르진 않았던 소리. 청 들어주지 못하는 거야 많이 아쉬워도 어차피 소리의 내력이 그러하고, 지금 형편 눈물과 바쁨인데 뭘 노랠 하랴. 노랠해야 그게 어디 노래랴.

그러나 며칠 후 다시 만난 박민하 성도님은 웃으며 그러셨다.

"원 그 사람들, 고집도 대단하데유. 이른 아침 들이닥쳐 한두 마디 하긴 했지유. 비싼 노래 한 셈이지유."

우리의 약함을 구합니다

주보 헌금 통계란을 없앴다.

단강 식구들끼리 볼 때야 아무 문제가 없었지만 이렇게 저렇게 하다 보니 주보는 나눠보는 것이 되었고, 그러다 보니 은근히 걸리는 게 헌금란이었다. 헌금란에는 몇 개 항목을 따라 한 주 분의 헌금 액수가 실린다. 적은 액수, 우리의 헌금 액수는 절대 많지 않다.

대개 농촌교회가 그러하듯 어떤 때는 걱정이 될 만큼 적기도 하다.

주보를 만들며 그런 적은 수치를 기록하는 마음은 늘 편치 않다. 우리의 약함을 은근히 드러내 동정을 구하는 건 아니냐는 질책이 주보를 쓸 때마다 마음을 괴롭혔다.

아니라는, 적히는 헌금은 액수를 떠나 우리의 가난한 믿음과 가난한

삶이 담긴 거라는, 어찌 헌금을 액수로 판단할 수 있겠느냐는 생각 또한 없진 않았지만, 동정을 위해 비참함을 드러내는 것 같다는 생각이 들자 영 자신이 없어졌다. 사실 많은 분이 단강교회를 위해 헌금을 해주고 있고 그 헌금이 유용하게, 긴요하게 쓰이는 것도 사실이다. 자립이 어려운 농촌교회에서 재정적인 어려움을 극복할 수 있는 한 가지 방법은 분명히 그런 도움의 손길일 것이다.

사실 마음뿐 예산이 없어 하지 못하는 일들도 적지 않다.

필요한 곳에 마음 쓸 수 있도록 기회를 전하는 것도 필요한 일일 거라는 그럴듯한 생각도 아주 없는 건 아니다.

그러면서도 이런 이유로 없앴다.

안쓰러움을 상품화하는 것 같은 자괴감을 더 견딜 수가 없었다.

목사인 나 자신은 물론 교우들에게까지도 그러한 일을 알게 모르게 키워온 게 거지 근성일 수 있다는 생각이 가시처럼 돋았다.

안쓰러움을 안아야 할 것은 결국 우리 자신이다. 우리 자신의 어려움을 쉽게 다른 이와 나누려는 것은 분명히 옳은 일은 아니다.

외롭고 후미진 이 땅을 기억해 함께 동참하려는 분들의 정성 어린 뜻을 내가 왜 모르겠는가? 그러나 그 시작이 동정심은 아닌 것 같아 헌금란을 없앴다.

그랬더니 내 마음 편해졌냐고?

관광버스에서 부른 찬송가

작은 교회 이야기

단강이 고향인 한 청년의 결혼식이 서울에서 있었다. 이따금씩 전화를 주기도 하는 〈얘기마을〉 가족인 데다 애써 주일을 피해 평일에 하는 결혼식인지라 같이 다녀왔다. 아침 일찍 대절한 관광버스가 마을로 들어왔다. 잔치가 있는 날이면 으레 대절하는 버스이다.

한 번 부르는 값이 상당하지만 버스 대절은 잔치를 위해선 뺄 수 없는 일이 되고 말았다. 바쁜 농사철, 게다가 애타게 기다렸던 단비마저 내려 버스엔 전에 없던 빈자리도 생겼다. 버스가 출발하자마자 차 안 스피커에선 신나는 음악이 쏟아지듯 흘러나왔다. 그 빠르기와 음높이가 여간이 아닌 듯하다.

이어 한복을 곱게 차려입은, 딸을 시집보내는 어머니가 자리에서 일

어서 인사를 한다. 이 바쁜 철 잔치를 벌여 미안하고 참석해주어 고맙다는 인사말이 물결 번지듯 울려퍼진다. 오늘만큼은 농사일 모두 잊고신 나게들 노시라며 기사 아저씨는 어느새 음악을 새것으로 바꿔주었다. 저런 음악도 있구나 싶을 정도로 생소했다. 이어 차례차례 돌아가며 노래를 부른다. 치화 씨 차례가 되었을 때 치화 씨는 늘 그렇듯이 내리깔린 목소리로 노래를 뽑았다.

고요-오한 내 가슴에 나비처럼 날아와서
사라-앙을 심어놓고 나비처럼 날아간 사랑

군데군데 가사가 바뀌고 받침이 빠진 노래였지만 노래가 끝나자 다들 큰 목소리로 앵콜을 외친다. 짐짓 신이 난 치화 씨가 망설임 없이다음 곡을 시작한다.

태산을 넘어 협곡에 가도 빛 가운데로 걸어가면
주께서 항상 지키시기로 약속한 말씀 변치 않네

따뜻한 박수를 보냈다. 그렇게 치화 씨가 노래를 부를 수 있는 건 그동안 쌓아온 만남의 결과인 것이다. 그만큼 치화 씨는 어울려 살아가는 법을 배운 셈이다. 한 아주머니의 노래에 마음이 아프고, 나도 몰래, 물기에 젖기도 했다.

남들은 왜 고향을 버릴까. 고향을 버릴까

나는야 흙에 살리라, 부모님 모시고 효도하면서 흙에 살리라

　다짐하듯, 왠지 모를 앙금을 털어버리기라도 하려는 듯 아주머니의
노래는 진지했고 낮은 목소리로 따라 부르는 차 안 노래가 왠지 비장
하게 들려왔다. 군데군데 빗속 모 심는 이들에게 손을 흔들며 요란한
춤과 노래 섞인 결혼식 관광버스는 잘도 빗길을 달렸다.

생애 첫 번째 편지

성경학교 교사강습회를 마치고 늦은 밤 돌아오니 한 손님이 기다리고 있었다. 수원에 사는 대학생이었다. 단강 이야기가 담긴 책《내가 선 이곳은》을 보고선 방학을 맞아 '책 속 마을'을 찾아왔던 것이다. 실제로 단강을 보고선 깜짝 놀랐다고 했다. 책을 읽으며 머릿속으로 그렸던 단강은 그야말로 외진 두메산골이었는데, 와서 보니 생각했던 것보단 훨씬 좋다는 것이다. 그 말을 듣고 생각해보니 지난 5년 사이에 많은 것이 변했다. 아담한 예배당이 선 것은 물론 길도 말끔히 포장됐다.

단강을 두메산골로 그리며 뭔가 도움 될 일이 많을 것 같아 일주일 정도 봉사하려는 마음으로 왔는데 그런 기대가 무너진 듯 서운한 표정이었다. 이야기를 나누는데 슬며시 예배당 문이 열렸다.

광철 씨였다.

낮에 저수지께로 일을 갔다가 우렁을 잡았다며 우렁을 한 봉지 담아 가지고 왔다.

소개를 하니 그 청년은 "아, 광철 씨!" 하며 무척이나 반갑게 그의 손을 마주잡았다. 책을 통해 익히 알던 이름. 보고 싶었던 사람. 광철 씨도 누군가 자신의 이름을 기억하는 것이 신기하고 좋았나보다. 내가 시험 공부를 하러 온 아이들을 만나는 동안 광철 씨와 청년은 오랜만에 만난 친구처럼 이야기를 나눈다. 그 모습이 정겹다.

마침 다음 날 광철 씨네 텃밭에 마늘 뽑을 일이 있어 함께 일을 거들기로 했다고, 기다렸던 일감을 구한 듯 청년은 반가워했다. 광철 씨도 몹시 들떠 있었다. 누군가 내 집을 찾다니, 또한 내 일을 거들겠다니. 이제껏 그런 일이 언제 한 번이라도 있었던가. 참는 웃음이 얼굴에 가득했다.

그러나 인사하고 신이 나 올라가던 광철 씨는 얼마 후 다시 내려왔다. 그 청년이 자기네 집으로 오지 못하게 목사님이 이야기해줬으면 좋겠다는 것이다. 왜 그러냐 묻자 광철 씬 우물쭈물 대답하지 못했다.

그때 난 광철 씨가 왜 그러는지 이유를 알았다. 같이 일을 하려면 새참이며 점심을 준비해야 하는데 도무지 그걸 마련할 길이 없었던 것이다. 그냥 있는 찬을 내면 되지 않겠느냐는 그 흔한 말도 하지 못했다. 형편을 모르지 않기 때문이다.

알았다고, 그렇게 이야기하겠다고 광철 씨를 올려보냈다.

다음 날 강습회 일로 다시 원주를 나가며 그에게 사실대로 이야기했다. 일을 하되 새참은 없고 점심은 교회로 내려와 먹으라고 일렀다. 먹거리 때문에 누군가를 받아들이지 못한다는 것은 또 얼마나 마음 아픈 일일까. 그럴 순 없는 일이었다.

강습회를 마치고 돌아왔을 때 청년은 얼굴이며 손이 벌겋게 타 있었다. 난 대뜸 점심에 관해 물었고 그는 말보다도 웃음으로 대답을 먼저 했다. 맛있는 점심을 광철 씨네서 먹었다는 것이었다. 이야기를 듣고 보니 정말 기가 막힌 점심을 먹었다. 국수를 전기밥통에 삶아 먹었으니 그런 점심을 또 어디서 먹겠는가.

얼마 전 중고 흑백 TV를 구하기 전까지만 해도 집 안의 유일한 가전제품이었던 광철 씨네 전기밥통. 거기에 물을 끓여 국수를 삶고, 퉁퉁 불은 국수를 행여 광철 씨 마음 아플까 두 그릇 가득 먹었단다.

보나마나 뻔했을, 맨바닥에 간장 종지 놓고 먹었을 풍경.

고마웠다. 뜨거움이 속으로 확 번져나갔다.

차갑게 버려진 광철 씨 외로운 마음에 불 하나 밝혀 찾아준 따뜻한 가슴을 지닌 청년이었다.

수요예배를 마치고 인사를 나눌 때 광철 씬 자랑스럽게 웬 쪽지 하나를 보여줬다. 그 청년의 주소와 이름이 적힌 쪽지였다. 어쩌면 광철 씨는 더듬더듬 편지를 쓸지도 모른다.

생애 첫 번째 편지를.

우상 섬기는 건 줄 알지만

작은 교회 이야기

"죄 짓는 일인 거 알지만유,

저… 목사님께 드릴 말씀이 있어유."

지나온 세월 탄식 반 마른 눈물 반으로 이야기하던 이음천 속장님이
주저주저 맘에 두었던 다음 말을 꺼냈다.

25년 전 세상을 떠난 남편의 60번째 생일, 계시진 않지만 자식들이
모여 상을 차리고 마을 사람들을 초대해 식사를 대접하던 날, 남모르
게 차오른 회한을 속장님은 어디 쏟을 데가 없었다. 기구하고 아픈 이
야기들, 차마 쉽지 않은 이야기들까진 안 그런 척 이어가던 속장님이,
하면 이틀도 더 걸린다는 이야기를 걸러걸러 마치며 뭔가 의논할 일이
있다며 조심스럽게 얘길 꺼낸 것이다.

"내년이 죽은 남편 환갑이에유. 우상 섬기는 건 줄 알지만… 내년 남편 환갑 되면, 한 가지 꼭 하구 싶은 게 있어유."

잠깐이긴 했지만 속장님은 망설임을 지우고 있었다.

"고생, 고생, 남편은 정말 고생만 하다 죽었어유. 밤도 없었구, 새벽 두 없었구 무섭게 일만 했지유. 옷이나 한 번 지대루 입었나유, 신발이나 한 번 그렇듯이 신었나유. 다 헤진 거, 겨울에도 헐렁하니 그렇게 지냈지유. 지금 이런 옷 입구 있으면 고생만 하다 죽은 남편 생각이 나 남편한테 죄 짓는 것 같아 마음이 아파유."

또다시 속장님은 말하길 망설였다.

"그래서유, 내년엔 옷하구 신발을 남편한테 해주구 싶어유. 내가 번 돈으루, 젤 좋은 것으루 말이에유."

무엇을 말하는지 알 수 있었다. 먼저 간 이의 환갑이 되면 살아 있는 것처럼 잔치를 차리고 먼저 간 이의 옷을 지어 그 옷을 태움으로 떠난 이에게 전하는 모습을 언젠가 마을에서 본 적이 있다.

"우상 섬기는 건 줄 알지만…" 하고 시작된 속장님의 이야기. 속장님이 스스로 느끼기에도 곤혹스러운 그 말을 나에게 한 까닭은 무엇일까. 어떻게 생각하느냐는 질문이었을까. 알고나 있으라는 얘기였을까. 아니면 동의를 구하고 싶었던 것일까. 무슨 말을 해야 할지 쉽게 정리되진 않았지만 가슴에서 나온 말에 나 역시 솔직하게 대하고 싶었다.

결혼하고 꼭 9년을 같이 살다 사고로 죽은 남편, 가난했지만 더없이 자상했던 남편, 좋은 것 한 번 입지도 신지도 먹지도 못한 채 세상을

뜬, 가슴속 두고두고 불쌍한 남편을 어떻게든 위로하려는 속장님의 사무치는 한, 차마 부정할 순 없었다.

그건 우상숭배 이전에 지극히 인간적인, 먼저 간 남편에게 전하는 속장님의 애틋한 사랑 아닌가.

속장님 말마따나 우상 숭배적인 요소가 전혀 없는 건 아니지만, 속장님 가슴속에 옹이로 남은 응어리를 푸는 길은 속장님이 말한 그 일 아니겠는가. 속장님 애길 한껏 편히 받았다. 혹 괜찮다면 남편에게 전할 것을 태워 전하느니 남편처럼 가난한 누군가에게 사랑으로 전해도 같은 마음 아니겠느냐는 이야기를 사족처럼 덧붙이며.

어디까지가 미신이고 어디부터가 신앙인가. 그러나 굳이 그런 구별 없이도 속장님의 이야기는 정말 따뜻하게 받고 싶었다. 그런 마음일랑 종교가 끼어들어선 안 될, 지극히 근원적인 사람의 모습이었기에.

집에 있기 갑갑해서요

작은 교회 이야기

이번에도 연세대학교 재활학과 학생들이 봄 농활을 왔다. 정말 동생처럼 가까이 느끼는 고마운 젊은이들이다. 일당을 받는 것도 아니고 식구나 친척 되는 것도 아닌데, 그들은 단지 모자라는 일손을 돕기 위해 온종일 땀을 흘린다. 순전한 땀이 아닐 수 없다. 교회에 가방을 내려놓고선 농활부장이 일러주는 대로 일손이 필요한 집을 향해 삼삼오오 일을 하러 떠났다. 경운기를 타고 일터로 떠나며 시원한 웃음으로 손을 흔들어대는 모습이 참 건강해 보였다.

학생들이 일하고 있는 일터를 찾아 작실로 올라갔다. 그들은 풀을 뽑기도 하고, 고추를 심기 위해 비닐을 덮기도 하고, 거름을 펴는 등의 일을 하고 있었다. 일이 서툴지는 몰라도 열심만은 대단했다. 젊은이

64

들의 모습이 더없이 거룩해 보였다.

우체부 아저씨네 밭에서 거름 펴는 학생들을 찾아 집 뒤편 골짜기에 들어섰을 때 "이럇! 이럇!" 소 모는 소리가 쩡쩡 골짜기를 울린다. 저 윗논에서 이한조 할아버지가 논을 갈고 있었다. 얼마 전만 해도 보름 이상을 병원에 입원해 있던 할아버지. 이번 고비를 넘기실까 모두 걱정했는데 용케 퇴원하셨고, 고꾸라질 듯 위태한 모습으로 논을 갈고 계셨다. 자신의 병약함을 감추기라도 하려는 듯 소를 모는 목소리만큼은 쩌렁쩌렁 대단했다.

벌써 학생들은 골짜기 밭에 거름 펴는 일을 마치고 개울 맞은편 밭으로 자리를 옮기고 없었다. 맞은편 밭으로 가로질러 가는데 저만치 연기가 피어오르는 밭에서 두 분이 일하고 있는 모습이 보였다. 가까이 가보니 이한주 할아버지와 할머니였다. 그냥 걷기도 힘들어 지팡이 두 개를 짚고 다니는 할아버지가 밭에 콩이라도 심겠다며 할머니와 함께 풀을 뽑고 계셨다. 할아버지는 무릎과 손으로 기어 다니며 일을 하고 있었고, 그가 지나간 곳에는 무릎으로 기어 다닌 자국이 허연 금으로 나 있었다.

'그냥 집에 있기 갑갑해서' 하는 일이라지만 두 분께는 과하고 벅찬 일. 그래도 두 분은 잠시 일손을 놓고 이런저런 일을 웃으며 이야기하신다. 대화를 마치고 둑을 내려서다 보니 텅 비어 마른 감나무 둥치에 불이 옮겨 붙어 타고 있었다.

그 커다란 고목이 시뻘건 불덩이로 타고 있었다.

나를 묻어줄 교회를 찾습니다

작은 교회 이야기

“아빠, 아빠, 빨리 와 봐요!”

뭐가 그리 급한지 소리가 다급한 목소리로 불러댄다. 서재에서 책을 보다 달려가 보니 병든 강아지가 집으로 왔다는 것이다. 그러나 방금 전까지 강아지가 있었다고 가리키는 궤짝 안에는 아무것도 없었다. 소리가 고개를 갸우뚱거렸다. 마침 쓰레기 소각장 안에 제법 휴지들이 쌓여 있어 불을 붙였는데 불 속에서 뭔가 꿈틀거리며 기어 나왔다.

얼마나 놀랐던지, 잠깐 없어졌던 그 병든 강아지였다. 털 한쪽이 그을린 채 기어 나왔다. 털 탄 냄새가 싸하게 퍼졌다.

지난번에도 아내가 ‘나사로 개’라 불렀던 병든 개가 죽기 전 교회로 온 적이 있었는데, 이번에도 병든 강아지가 교회를 찾아온 것이었다.

지난번처럼 병들었다고 누가 또 버린 듯했다.

기운이 하나도 없어 한눈에도 병이 깊어 보이는 강아지는 하마터면 불에 타 죽을 뻔하다 겨우 기어 나와선 쓰레기통 뒤 구석자리로 숨어 들어 거친 숨을 할딱거리고 누웠다. 아주 조그만 병든 강아지, 강아지의 맑은 눈망울이 참 안돼 보여서 마침 부엌에 있는 생선 한 토막을 갖다주었더니 그런대로 맛있게 먹었다. 워낙 기력이 없어 생선 한 토막을 힘겹게 먹으면서도 몹시 불안한 듯 계속 눈치를 살폈다.

다음 날 아침 일어났을 때 강아지가 보이질 않았다. 쓰레기통 구석자리에 죽어 있지는 않나 조심스럽게 살펴보았지만 강아지가 없었다. 밤새 나아 어디론가 갔다면 다행이지 싶었다.

없어졌던 강아지를 이틀 만에 뒤뜰 닭장 앞에서 볼 수 있었다. 닭 모이를 주러 올라갔더니 닭장 앞 풀밭에 쓰러져 누워 있었다.

두 눈엔 눈곱이 잔뜩 끼었고, 파리가 눈 주변은 물론 몸뚱아리까지 까맣게 꼬여 있었다. 맥없이 껌벅이는 눈으로는 눈가에 앉은 파리조차 쫓지를 못하고, 이미 풀어질 대로 풀어져 잿빛으로 변한 두 눈에는 죽음의 기운이 잔뜩 어려 있었다.

닭 모이를 주고 나와 빈 그릇을 휙휙 휘둘러 파리를 쫓았지만 그때뿐, 잠깐 도망갔던 파리들은 또다시 죽어가는 강아지 위에 앉았다. 주변에 있는 마른 풀을 뜯어 몸을 덮어주었다.

강아지는 꺼져가는 생명처럼 껌벅껌벅 불쌍하게 두 눈만 껌벅거렸다.

'그래, 어서 눈을 감아라. 내 너를 묻어주마.'

기독교
대한감리회
단강교회

마지막 순간 그래도 자기를 묻어줄 사람 있는 곳으로 찾아들었지 싶은 병든 강아지. 잘 묻어줘야겠다고 생각했다. 금방이라도 멈출 것 같은 두 눈의 껌벅거림은 한참 시간이 지나도록 계속됐다. 어느덧 땅거미가 내리고 있었고 마침내 늦가을의 찬비가 우둑우둑 떨어지기 시작했다. 불쌍한 짐승이지만 혼자 죽게 할 수는 없지 싶어 늦게까지 지켰다. 한번은 요동을 치며 앞발 두 개를 모아 쭉 뻗었다.

저렇게 죽는구나 싶었지만 그것도 아니었다. 풀릴 대로 풀렸지만 여전히 눈빛은 반짝거렸다. 그동안 죽어가는 자기에게 준 동정의 눈빛에 고맙다 인사를 한 것인지도 몰랐다. 날은 이내 어두워졌고 집으로 들어올 수밖에 없었다.

다음 날 아침, 강아지는 죽어 있었다. 밤새 내린 비를 다 맞아 온몸이 축축한 채 뻣뻣하게 죽어 있었다. 뒷산 언덕에 구덩이를 또 하나 파고 강아지를 묻었다. 정말 강아지는 저를 묻어줄 만한 사람을 찾아 교회로 찾아들었던 걸까.

농토가 나의 제단입니다

바람이 몹시 불던 날이었다. 봉화에 살고 있는 전우익 님을 만나러 나선 날, 찬바람이 거세게 몰아쳤다. 때마침 전우익 님이 지은 책을 읽고 한번 찾아뵙고 싶다는 생각을 했는데, 더 미룰 것 있겠나 싶어 어느 날 문득 아침 길을 나섰다. 아침 일찍 원주에서 정권 형을 만나 간단히 식사를 하고선 길을 나섰다.

봉화는 안동 옆에 있다. 언젠가 여행하며 안동에 들른 적이 있고, 그때 기억에 안동이 꽤 먼 곳으로 남아 있어 봉화 또한 먼 곳으로 생각하고 떠났는데 막상 가보니 그리 먼 길은 아니었다.

전우익 선생님이 살고 있는 마을은 제대로 지어진 한옥들이 어깨를 나란히 하고 서 있는 마을이었다. 그 좋은 한옥들이 제대로 손뵈줄 사람이 남아 있지 않아 빛바랜 흑백사진처럼 점점 퇴락해가고 있었다.

마을 한쪽 구석 집, 마을 사람이 가르쳐준 집이 잘못은 아니었을까 싶을 정도로 전 선생님의 집은 빈집 같아 보였다. 몇 번을 불러서야 선생님이 나오셨는데 마침 아궁이에 불을 피우던 중이었다. 영락없는 시골 할아버지, 저런 외모에서 빛나는 정신들이 맑은 글로 솟았던가 싶다가도 그러기에 가능한 일이구나 싶기도 했다.

사랑방으로 들어가 마주 앉았다. 사랑방은 앉을 틈이 없을 만큼 온갖 잡다한 것들이 널려 있었다. 책 속에 나온 대로 온갖 나무를 가져다가 속을 파내어 연필꽂이 등을 만들어놓으셨다.

윗방에 있던 사과를 가져다주셨는데 쟁반도 없이 방바닥에서 사과를 깎게 되었다. "제가 하겠습니다" 하고 칼을 받으니, 칼은 다름 아닌 연필 깎는 칼이었다. 그것도 어릴 적 초등학교 다닐 때 썼던, 반으로 접는 그 작은 칼. 그런 모든 일이 그분의 삶과 전혀 다르지 않았다. '자연스러움' 그대로였다.

엉덩이를 붙이고 앉아 한참 이야기를 나누다 정호경 신부님을 만나러 자리에서 일어섰다. 가까운 곳에 정 신부님이 살고 계셨다. 밖으로 나와 대문 쪽으로 향하는데 갑자기 정권 형이 소리를 쳤다.

"불이다!"

놀라 달려가 보니 이게 웬일인가. 안채 방 안에 불길이 가득한 게 아닌가. 마침 안채를 구경할 겸 마당으로 들어섰던 형이 불을 본 것이었다. 언제 붙었는지 모를 불이 정말 겁나게 타오르고 있었다. 불길이 하도 거세 이미 손을 쓰기에는 늦어 보였다. 집 자체가 나무로 된 데다 오래된 집. 그야말로 싯누런 불길이 맘대로 훨훨 타오르고 있었다. 얼른 마루에 있는 전기 차단기를 내리고 물을 찾아 뿌리기 시작했다. 정권 형과 전 선생님과 나, 세 사람은 정신이 나갈 정도로 이리 뛰고 저리 뛰며 불길을 잡으려 애를 썼다.

하필이면 샘이 바깥 저만치 떨어진 곳에 있어서 그곳을 '불이 나도록' 뛰어다니며 정신없이 물을 부어댔다. 처음 불을 봤을 때만 해도 도저히 우리 손으로는 잡힐 불이 아니다 싶었는데 다행히 불길이 조금씩 잦아들었다.

나중에 알고 보니 안방 구들이 약해져 틈이 생겼고, 그 사이로 아궁이 불이 번져 들어왔던 것이다. 이불은 물론 방 안에 있던 온갖 것이 다 불타고 말았다. 아끼는 그림과 책도 제법 있었을 텐데, 모두 타버리고 말았다. 아궁이를 수선해야겠다고 몇 번 마음을 먹었으면서도 경고를 무시했더니 결국은 일을 당했다며 타 없어진 것보다는 남아 있는 집을 다행스럽게 여기셨다.

하기야 불길을 못 잡으면 집은 물론 바로 뒤에 붙은 산에도 불이 번져 정말 큰일 날 뻔했다. 일찍 집을 나섰으면 불붙은 줄도 모르고 나갈 뻔했고 이야기가 더 길어졌더라면 불길이 우리 손을 벗어나버렸을 수도 있었다. 괜히 우리가 방문하여 그런 일이 일어난 것 같아 죄송한 마음이 들면서도, 함께 불길을 잡아 천만다행이라는 생각도 했다.

그 큰 난리를 치르고서도 표정이나 마음의 흔들림이 없는 전 선생님

모습은 아주 인상적이었다. 정 신부님 만나는 일은 다음으로 미루자 했지만 그는 아무렇지도 않은 듯 집을 나서며 길을 안내했다. 청량산 입구의 허허벌판. 거기 나무로 지은 집이 있었고, 정 신부님은 거기서 일을 하고 계셨다. 정 신부님 역시 허름한 옷을 입으셨다. 몸이 껍데기 일진데 하물며 옷이랴 싶게 신부님 또한 아무것으로도 자신을 꾸미고 있지 않았다.

항아리를 구경하게 해주어 보았더니 뭔지 모를 것이 가득 담겨 있었다. '토착미생물'이었다. 논과 흙에서 채취한 미생물을 잘 배양하여 봄이 오면 논밭으로 뿌린다는 것이다. 신부님은 그 외진 곳에서 죽은 땅을 살려내는 일을 묵묵히 하고 계셨다. 알고 보니 그 나무로 된 집도 신부님이 직접 지은 집이었다.

"성당 일을 보시는 사목 활동은 따로 안 하십니까?" 궁금하여 여쭀더니 "제겐 농토가 제단이지요." 너무나도 쉽게, 그리고 분명하게 대답하셨다. 누가 넥타이를 매고 책상에 앉아 그 이야기를 했다면 난 말장난쯤으로 받아들였을 것이다. 그러나 신부님 말씀은 삶에서 배어나온 말이었다.

농토가 제단이란 말은 큰 울림으로, 채찍으로 마음에 와닿았다. 우리는 많은 경우 제단을 예배당 안에만 모셔놓고 살지 않는가. 분명한 흐름, 자신의 몫을 저리도 분명하게 알고 다른 것 잊고 살아가는 그 모습이 너무 귀했다. 어둘 녘 돌아오며 정권 형과 하루 일을 함께 나눴다. 때로는 웃음으로, 때로는 탄식과 부러움으로.

술, 가난한 사람들의 위로

작은 교회 이야기

"목사님, 죄송해요. 제 입에서 술 냄새 나지요?"

주일 아침예배를 마치고 예배당 현관에서 인사를 나눌 때, 박정숙 성도가 뜻밖의 이야기를 했다. 술 냄새가 나다니, 전혀 생각지도 못한 일이었다. 기억하기로 그날은 박정숙 성도가 육순을 맞는 생일날이었고, 겸사겸사 교우들을 집으로 초청했던 걸로 알고 있었다.

"무슨 일이 있으셨어요?" 물었을 때

"글쎄, 제 육순이에요. 제가 육순이 됐어요" 하며 대답했는데, 그렇게 대답하는 것이 쑥스럽고 부끄러웠던지 소녀처럼 손으로 입을 가렸다.

마음과는 상관없이 어느덧 세월이 그렇게 흘러갔음을 함께 느끼는 순간이었다.

　주일 아침, 이른 시간 우리는 박정숙 성도네로 가서 육순을 축하하는 예배를 드렸다. 지금까지 함께하신 주님께 감사하며 앞날에도 은총이 더욱 함께하길 기원했다. 그러고는 잘 차린 아침을 먹고 예배를 드리러 올라왔는데, 많은 손님이 왔음에도 예배드리러 올라온 박정숙 성도가 뜻밖에도 술 이야기를 하며 죄송하다 어쩔 줄을 모른다.

　"괜찮아요. 오늘 같은 날이야 거절하기 힘들잖아요?"

　많은 손님이 모이면 한 잔 술 거절하기 힘든 분도 있을 터, 그게 무슨 큰 흉이 될까. 넉넉하게 이해했는데 애길 들어보니 사연이 있었다.

　사실 술은 시어머니가 따라준 술이었다. 시어머니가 술을 다 주시다니? 믿을 수가 없는 일이었고, 그만큼 거절할 수가 없었다. 처음 시집 왔을 때만 해도 시어머니가 어렵고 무서워 감히 얼굴을 쳐다볼 수도 없었다. 여자가 술을 먹다니, 그건 시어머니 앞에서 도저히 용납될 수 없는 일이었다.

　그런데 며느리가 육순을 맞던 날, 그동안 서울에 가 계시던 시어머니가 며느리 생일을 맞아 내려오셨는데 시어머니는 며느리 생일 선물로 신발을 사오셨다. 푹신푹신한 털신이었다. 생전 그런 일을 모르던 며느리로선 감격할 수밖에 없었다. 그런데다가 술까지 직접 따라주시니 어찌 그 잔을 거절할 수 있을까. 한 잔 더, 한 잔 더 하며 따라준 술을 주는 대로 받았던 것이다. 육순을 맞는 며느리를 보는 마음이 안쓰러웠을까. 아무튼 박정숙 성도는 시어머니께 처음으로 술을 받았고, 그 사실을 송구스러운 마음으로 털어놓았다.

"잘하셨어요. 얘길 듣고 보니 당연히 받아야 할 잔이었네요. 받기를 정말 잘했어요."

교회 다닌다는 이유로 그 잔을 거절했으면 할머니 마음이 얼마나 서운하고 민망했을까. 술잔 받기를 잘했다고 거듭 인정했다.

마침 그날 오후예배의 성경 본문이 "죄인들의 친구 되신 예수님"이었다. 설교 시간, 아침에 있었던 박정숙 성도 이야기를 하며 술잔을 받은 게 잘한 일이냐, 잘못한 일이냐, 교우들에게 물었다. 대답은 한결같았다. 잘했다는 말이었다. 말이 난 김에 교우들에게 물었다.

"제가 마을 사람들과 가까워지기 위해서 그들과 술을 마신다면 그것에 대해선 어떻게 생각하십니까?"

의견은 대충 반으로 갈렸다. 그러나 굳이 대답의 강도를 따지자면 '괜찮다', '좋다'라는 의견에 무게가 실렸다.

그러면 마을과 흉허물이 없어지겠다는 시원한 대답도 많았다. 죄인들의 친구 되신 예수님을 이해하는 덴 좋은 이야기가 되었다. 며느리 박정숙 성도에게 육순 술을 따라주었던 이돌례 할머니는 며느리 육순이 지나고 얼마 뒤 돌아가셨다. 81세의 연세. 몸이 아프시다 하여 심방을 가 예배를 드렸는데, 그것이 임종예배가 되었다. 예배를 드리고 나서 한 시간쯤, 주무시듯이 숨을 거두셨다. 평소 할머니는 교회에 나오지 않으셨지만 며느리가 교회에 나오는 데다 돌아가시기 전 하나님께 예배드린 일로 장례도 '교회식'으로 해달라고 부탁을 받았다. 웬일인지 마지막 예배를 드리며 할머니 머리에 손을 얹고 기도하고 싶었다.

가만히 마음을 모아 머리에 손 얹고 할머니의 영혼을 지키시고 받아달라는 기도를 드렸는데, 유족들에겐 그 기도가 오랫동안 마음에 남았던 모양이다.

입관예배를 드리기 전 염을 하는 시간이 있었다. 섬뜰의 최태준 씨와 같이 할머니께 수의를 입혀 드렸다. 할머니 얼굴 손과 발을 닦을 때 박정숙 성도께 닦아 드리라고 권했다.

수의 옷고름을 매는 일도 그에게 맡겼다.

고운 정 미운 정 다 들었을 시어머니, 그 어머니의 얼굴과 손발을 닦아 드리고, 마지막 옷고름을 매어 드리는 일이 그나마 마음에 남은 송구함이나 안타까움을 더는 데 도움이 되지 않을까 싶었다. 박정숙 성도는 내내 흐느끼면서도 정성스러운 손길로 어머니 얼굴을 닦고 옷고름을 매어 드렸다.

아직 일철이 나서지 않은 따스한 봄날, 할머니는 참 좋은 날을 택해 떠나셨다. "죽음의 복은 타고나셨다"라고 모두 할머니 떠남을 부러워했다. '죽음의 복까지'가 아니라 '죽음의 복은'이라는 말이 담고 있는 아픔도 그 좋은 봄볕에 다 잊고 싶을 만큼 날이 좋았다.

한 사람의 삶이 여러 사람과 얽혀 있으며, 우리는 서로의 삶을 지켜주고 돌아보아야 함을 고부의 모습을 통해 새삼 깨달았다.

공동체, 가족, 그리고 사랑

지난 연말, 우리는 망년 모임을 열었다. 10여 년 단강에 살면서 망년 모임을 하기는 처음이었다. 놀이방 어머니 아버지를 중심으로 젊은 부부들이 모여 한 해를 보내는 시간을 함께했다.

모든 준비는 남자들이 하기로 했다. 시장 보기부터 밥상 차리기, 설거지까지 다 남자들이 맡기로 했다. 남자들끼리 모여 부인들 ‘감동시킬’ 방도를 궁리했다.

드디어 약속한 날, 미리 인우재에 올라간 남자들이 분주하게 움직였다. 산에서 나무를 해다 아궁이에 불을 때고, 밥을 짓고, 상을 차리고, 화롯불에 불씨를 담아 고기를 구웠다. 재성 아버지 조기원 씨는 얼른 전선과 전구를 구해와서 전기가 없는 인우재에 불을 밝히기도 했다.

대충 준비가 끝날 무렵 차로 부인들을 '모시러' 내려갔다.

고맙고 미안한 사람들, 사실 젊은 여자가 농촌에 산다는 것이 얼마나 힘들고 갑갑한 일인가. 살림하랴, 일하랴, 아이들 돌보랴, 무엇 하나 제대로 누리는 것 없이 고생하며 사는 게 남자들은 늘 미안했으리라. 서툴지만 정성으로 마련한 상에 부인들이 먼저 둘러앉았다. 쑥스러움과 고마움이 가득 담긴 환한 웃음들, 남편들이 열심히 음식 시중을 들었다. 병철 씨가 가마솥에 불을 때 지은 밥은 어찌 그리 구수한지, 화롯불에 소금 뿌려가며 구운 고기는 어찌 그리 맛있는지, 모처럼 한 상에 둘러앉아 즐겁게 식사를 하는 부인들을 바라보는 드문 즐거움이 기꺼운 마음으로 음식 시중을 드는 남편들 마음에 가득했다. 물론 부인들이 차를 마시는 동안 설거지까지 남자들이 다 마쳤다.

넉넉히 땐 장작불에 방은 절절 끓고 있었다. 큰 이불 하나 펴놓고 서로 발을 이불 속에 묻은 채 순서는 이어졌다. 선물을 전하는 시간, 부인들의 눈이 둥그레졌다. 분명히 선물 교환은 하지 않기로 했는데 선물을 전하는 시간이라니?

사실은 그것이 '감동 전하기' 작전이었다. 선물 교환은 없다고 말해놓고서는 남자들끼리만 아내를 위한 선물을 준비한 것이었다. 준비한 선물이 기가 막혔다. 형형색색의 팬티에 브래지어, 속바지와 스타킹, 심지어 생리대까지 있었다. 선물을 공개할 때마다 웃음바다가 됐다.

이병철 씨와 김남철 씨가 봐온 장이었는데, 장 볼 때의 쑥스러웠던 일화가 소개되자 다시 한 번 웃음보들이 터졌다. 창피함을 감추려고 생리대를 점퍼 속에 감추고 나와 계산하려다 사이즈가 틀리다는 점원 아가씨의 지적에 다시 물건을 바꿔야 했던 대목이 압권이었다.

이어 둘러앉아 나누는 이야기, 한 동네 살고 친하지 않으면 나눌 수 없는 기가 막힌 대화들이 이어졌다. (이담에 늙어서도 우린 그 이야기들을 기억하며 때마다 웃을 수 있을 것 같다.) 게임을 하다 실수하면 그 사람을 가운데 엎드리게 하고선 실컷 두들기기도 하고, 겹겹이 포개어논 서로의 손을 있는 힘을 다해 내려치기도 하고….

밤이 늦도록 흥겨운 시간이 이어졌다. 시골에서 이런 일이 다 가능한 것이구나 싶은 유별난 시간이었다. 아쉬운 마음으로 모든 순서를 끝내고 남자 한 방, 여자 한 방, 각각 방을 나누어 한 이불 속에 누워 잠에 빠질 때, 우린 모두 한 동네 사는 고마운 사람들이었다.

서로 너무나 소중한 사랑하는 사람들이었다.

소름 끼치는 우연

사람의 인연이란 참으로 묘하다. 만나고 헤어짐이 다 우연 같으면서도 때때로 그 속엔 기가 막힌 필연이 담기곤 한다. '시절 인연'이라 하던가. 만날 사람은 만날 때가 되면 만난다는 불가의 이야기에 공감하게 될 때가 있다.

조남송 씨가 친구를 만나게 된 일도 굳이 말하자면 '시절 인연' 때문이었는지도 모르겠다. 달포 전부터 조남송 씨가 우리 예배에 참석하고 있었다. 원주에서 사업을 경영하고 있어 매우 바쁜데도 매주 수요일 저녁예배에 거의 빠짐없이 참석했다. 두 주 전부터는 주일 아침예배도 같이 드리고 있다. 한동안 잊고 있었던 신앙의 문을 조심스럽게 두드리고 있는 것 같았다. 조남송 씨는 매사에 열정적이고, 성격이 아주 적

극적인 사람이었다.

처음 단강을 찾았던 수요일 밤. 십자가 네온이 고장 나 한동안 교회를 찾느라 고생했다는데, 어느 날 불쑥 조남송 씨는 단강으로 들어와선 예배당 꼭대기로 올라가 네온을 살폈다. 쳐다만 보아도 아찔한 높이에서 이리저리 네온을 살피더니 다음 날 네온 두 개를 구해가지고 다시 왔다.

굳이 업자를 불러 수리할 필요가 있느냐며 스스로 고쳐보겠노라 했다. 오랜 시간 십자가에 올라가 네온을 교체하는 작업을 했다. 높이가 만만찮아서 여간 마음을 졸였던 것이 아니다. 이렇게도 해보고 저렇게도 해보고 애를 썼지만 네온은 쉽게 고쳐지지 않았다. 전원을 넣으면 빛도 희미한 데다가 "찌지직-" 하는 소리가 요란하게 났다. 다시 한 번 더 해보겠노라 하는 걸 업자에게 맡기자고 사정하듯 만류하고선 작실 인우재로 같이 올라갔다. 마침 배고플 때가 되어 인우재에서 점심을 같이 먹기로 했다.

점심을 먹으며 편하게 이야기를 나누었다. 편한 만남은 깊이 있는 대화를 나누게 한다. 어떻게 네온까지 직접 수리할 생각을 했느냐 물었더니 이제까지 안 해본 일이 없다며 그동안 있었던 인생 여정을 말했다. 언뜻 지나가는 말로 '조종사'라는 직업도 있었다기에, 얼마 전 이웃 마을로 이사를 온 한영석 씨 생각이 나 우리 마을에도 조종사였던 분이 이사를 왔노라 말했더니 관심 있게 이름을 물었다.

"한영석 씨던가요."

한영석 씨라는 말에 조남송 씨는 깜짝 놀라며

"혹시 한영식 아닌가요?"

하고 묻는 것이었다. 맞았다. 한영석 씨가 아니라 한영식 씨였다. 두 주 우리 교회 나오신 분을 이웃 정산교회로 권해드린 바로 그분이다. 한영식 씨가 맞다는 말에 조남송 씨는 얼어붙는 듯했다.

"이럴 수가!"

뭔가 심상치 않은 일이 벌어지고 있는 게 분명했다.

"아는 분인가요?"

조심스럽게 물었을 때

"그럼요. 저랑 조종사 동기예요. 그리고 아주 각별한 사이였죠. 제가 그 친구를 10여 년간 찾고 있었어요. 그런데 여기서 그 친구 이야기를 듣게 되다니요."

믿을 수 없다는 표정이 역력했다.

"참 좋은 친굽니다. 하던 일이 어려워지자 아예 소식을 끊고 어디론가 숨었어요. 꼭 만나야 할 친군데…."

어떻게 이런 일이 있을 수 있는지. 이야기를 듣는 나도 마음이 저려왔다. 그처럼 드문 만남이 시간 차를 두고 단강에서 일어나다니. 만남이 신비롭게 여겨지기까지 했다.

"소름이 끼친다."

자정이 가까운 늦은 밤, 한영식 씨가 피곤한 몸으로 집으로 들어섰을 때, 기다리고 있던 조남송 씨를 보고 그는 "소름 끼친다"라고 말했단다.

소름 끼치는 만남.

두 사람은 그 뒤로 시간이 될 때마다 만나 밀린 이야기를 나누며 회포를 풀었다. 마치 좋은 중매를 한 것처럼 우연히 만남을 연결하고 옆에서 지켜보는 마음이 여간 즐겁지 않았다.

즐거운 만남을 바라보는, 이 큰 즐거움!

건강한 교회, 건강한 교역자

작은 교회 이야기

'교역자 보건주일'이라는 날이 있다. 교회의 큰 절기는 아니지만 행사 삼아 교회에서 챙기는 여러 날들 가운데 하나로, 교역자의 건강을 생각하고 관심을 갖는 날이다. 지켜도 그만 안 지켜도 그만인 그날에 관한 두 가지 이야기를 쓴다. 하나는 꾸며 쓴 글이고 하나는 실제로 있었던 일이다. 어느 것이 전자고 어느 것이 후자인지를 읽으며 생각해 보시라. 분별하는 일이 크게 어렵지는 않을 터이니.

이야기 하나

"예배 시간에 죄, 죄송합니다만, 한 가지 광고를 더 하겠습니다."
목사가 광고를 마쳤을 때, 교회 재무부장직을 맡고 있는 김 장로가 목사한텐지 교우한텐지 양해를 구하며 앞으로 나와 광고를 한 가지 더 하겠다고 했다.

"기억하는 분들이 계실지 모르겠지만, 다음 주일이 '교역자 보건주일'입니다. 목사님과 목사님 가정의 건강에 대해 관심을 갖는 주일이지요. 목사님이 건강하셔야 교회가 건강하다는 것은 여러분도 아주 잘 아실 겁니다.

그런데 목사님이 우리 교회에 오신 지 수 년이 되도록 이적지 우리는 '교역자 보건주일'을 제대로 지켜본 적이 없습니다. 몇 번 목사님께 말씀드린 적이 있었는데 그때마다 목사님께서 극구 만류를 하셨기 때문입니다. 하지만 올해는 목사님께서 뭐라 하시든 꼭 지키도록 하겠습니다. 목사님처럼 우리를 위해 불철주야 헌신적으로 목회하는 분이 또 어디 있겠습니까. 정말 머리 숙여 감사드릴 일이에요.

다음 주일에 '교역자 보건주일' 헌금을 해주시면 목사님과 목사님 가정 건강을 위하여 쓰도록 하겠습니다."

재무부장의 광고가 끝났을 때 누구랄 것도 없이 박수를 치기 시작했다. 조용하지만 뜨거운 박수였다. 목사님에 대한 고마움이 가득 담겨 있는, 재무부장의 생각에 전적으로 동의한다는 박수였다. 뭐라 대답하려고 마이크를 고쳐 잡던 목사도 박수 소리에 밀려선지 그만 말을 거두고 말았다.

아무 욕심 없이 사랑으로 살아가는 목사님의 삶을 존경하고 귀하게 여기던 교우들은 기쁜 마음으로 정성껏 헌금을 준비했다.

교역자 보건주일에 드려진 헌금은 광고를 한 재무부장도 깜짝 놀랄 만큼 많은 액수였다.

"목사님, 이번만은 다른 말씀 안 하셨으면 좋겠습니다. 가족과 함께 병원에 가셔서 종합검사를 받으시든지, 아니면 머리도 식힐 겸 어디 여행을 다녀오시든지, 목사님 좋을 대로 하시지요."

재무위원들과 함께 서재로 목사를 찾아간 장로가 교우들이 정성으로 헌금한 보건주일 헌금을 목사에게 전하며 간곡하게 이야기했다.

"부족한 사람을 이렇게까지 생각해주시니 고맙습니다. 그러고 보면 저는 참 행복한 사람입니다. 그런데 정말로 이 돈을 제가 원하는 곳에 써도 될는지요."

목사가 고맙게 헌금 봉투를 받아들며 말했다.

"물론입니다. 목사님 좋을 대로 쓰십시오. 하지만 꼭 목사님을 위해 쓰셔야 합니다."

김 장로가 다시 한 번 다짐을 받듯 말했다.

"김 장로!"

목사가 나직한 목소리로 '김 장로'라 했을 때 그 자리에 앉은 모든 사람의 숨이 멎는 듯했다. 이적지 목사가 장로를 '-님' 자를 빼고 부르는 것을 한 번도 들어본 적이 없었기 때문이다. 아무 직분을 맡지 않은 교우한테도 꼭 '성도님' 하며 예를 갖추셨던 분이었다.

"네-에, 목사님." 얼떨결에 대답하는 김 장로의 목소리는 당황스러움으로 떨리고 있었다.

“우리 교회 교우 가운데 지금 실직을 당한 가정이 몇 가정이나 되는지 아시오?”

조용했지만 기가 질려버릴 듯한 말투였다. 김 장로를 똑바로 바라보는 눈빛 또한 거역할 수 없는 힘이 가득 담겨 있었다.

“정, 정확히는 모, 모르겠는데요.” 당황스럽기는 같이 둘러앉은 재무위원들도 마찬가지였다.

“모두 스물여섯 가정입니다. 우리 교회로선 적은 숫자가 아니지요. 일자리를 잃어버리고 어떻게 사나, 그들을 생각하면 마음이 아파 어떨 땐 기도도 제대로 못하겠습니다. 그들 중에 오늘 예배에 빠진 이들도 있던데, 설교 시간에 자꾸 그들이 앉던 자리로 눈이 가 말문이 막히곤 했어요.”

목사의 말투는 어느새 조용하고 따뜻해졌다. 그러나 그렇게 말하며 가슴이 미어졌는지 한동안 말이 없던 목사가 다시 입을 열었을 때는 또다시 분명한 어조로 말했다.

“김 장로.”

“예.”

“다른 말 말고 오늘 드린 이 헌금은 실직한 교우들을 위해 쓰도록 하시오. 오늘 이 헌금을 스물여섯으로 나누되, 액수가 부족하다 싶으면 서로 의논하여 교회 재정에서 보탤 만큼 보태시오. 그리고 될 수 있으면 조용히 전하시오. 오른손이 하는 걸 왼손이 모르도록!”

조용했지만 목사의 말이 얼마나 단호했던지. 정말이지 하나님 음성인 듯싶었다.

감히 거역할 엄두를 낼 수가 없었다.

그렇지만, 하고 김 장로가 겨우 입을 연 것은 한참 무거운 침묵이 흐른 뒤였다. 무엇엔가 강한 것에 얻어맞았다가 한참 만에 정신을 차린 사람 같았다.

"목사님 말씀도 좋습니다만 이번만은…" 김 장로는 사정하듯 목사님께 말했다.

"여러분의 성의를 이렇게밖에 받지 못해 송구스럽습니다. 하지만 제 심정을 말씀드리자면 제 생각은 조금 다릅니다. 여러분은 목사가 건강해야 교회가 건강하다고 했지만, 저는 교인이 건강해야 마음이 편합니다. 정말입니다. 여러분이 정말로 저를 생각해주신다면 제 뜻을 받아주시기 바랍니다."

누구도 더 목사 말에 대꾸하는 사람이 없었다.

"네, 그렇게 하겠습니다."

김 장로가 뜨거운 목젖을 누르며 대답했다. 그런 김 장로에게 목사는 천천히 고개를 끄덕이며 따뜻한 미소를 보냈다.

'교역자 보건주일'이 그렇게 갔다.

이야기 둘

어느 날 저녁, 목사가 재무장로를 불렀다. 대개는 사무적인 일로만 부를 뿐, 개인적인 만남이나 교제가 없던 터에 조용히 만나 이야기하

자는 목사의 말은 장로를 긴장하게 했다.

“부탁드릴 일이 있어 만나자고 했습니다.”

“무슨 일이신지요?”

장로는 목사의 의중을 헤아릴 길이 없어 조심스러웠다.

“교회에서 제 학비를 댔으면 해서요.”

목사가 망설임 없이 꺼낸 말은 ‘학비’ 문제였다. 학비라는 말을 듣는 순간 재무장로의 머리는 마치 한밤중에 정전이라도 된 듯 캄캄해지고 말았다. 연초에 예배를 드리며 목사는 공부를 더 하겠다는 뜻을 밝혔다. 박사 학위 과정을 밟겠다는 뜻이었다. 그 이야기를 꺼내며 거듭 강조해서 했던 말이 학비는 내가 알아서 할 터이니, 교회나 교인들은 절대 신경 쓸 것 없다는 이야기였다.

교회 형편도 형편이려니와 목사에게 정말로 중요한 게 학위일까 하는 의구심은 어쩔 수 없이 들었다. 평소에 목사가 학구적인 분위기를 풍겼다면 아마 생각이 달랐을 터였지만 전혀 그렇질 못한 게 사실이었다. 교회가 재정적으로 여유만 있다면야 목사가 공부하겠다는데 그 뒷받침을 못하겠냐만은 남의 건물에 세 들어 있는 지금 형편으로선 엄두도 못 낼 일이었다.

사모가 학교 교사로 있고, 언젠가 목사가 개인적으로 아파트를 사 세를 놓고 있다는 것도 알 만한 이들은 다 알고 있는지라, 학비 걱정 말라는 목사의 말을 편하게 받아들인 터였는데 이제 와서 학비라니!

“목사님, 교회 돈은 제 개인적인 돈이 아닙니다. 목사님 생각이 그러시면 돌아오는 주일 임원회를 열어 결정을 하지요.”

그럴 게 뭐 있느냐고, 그럴 거면 뭣 하러 장로를 개인적으로 만났겠느냐며, 목사는 지금 당장 결정하기를 채근했다. 회유인지 협박인지 알 수 없었다. 장로는 어지러웠다. 그렇다고 무조건 “예” 할 수는 없는 일이었다. 목사는 자신의 목회에 협력하지 않는 장로가 영 못마땅해 얼굴이 붉으락푸르락했지만, 다음 주일 임원회를 여는 것에 동의할 수밖에 없었다.

학비가 600만 원이라는 목사의 말에 교인들은 아무도 입을 열지 않았다. 목사의 태도에 질린 교우들도 있었다. 교인들 가운데 실직을 당해 당장 생계가 곤란한 교인도 몇 가정 있었다. 반이라도 하자, 특별 헌금이라도 하자, 몇몇 힘없고 착한 대화들이 오가다가 내린 결정은 다음과 같았다.

“다음 주일 목회자 보건주일이니 목회자 보건주일 헌금을 힘껏 하고, 거기에 교회 재정을 합해 600만 원을 드리자.”

그러나 목사는 그렇게는 안 받겠다고 했다. 보건주일 헌금은 보건주일 헌금이고, 학비는 학비지 그런 법이 어딨느냐는 것이었다. 착하기로 소문난 권사가 눈물을 닦으며 한숨을 쉬었다.

“목사님은 교인들 형편을 몰라두 너무 모르셔!”

마음에 깊이 들어온 사람

작은 교회 이야기

신동희 집사님과 이숙자 성도님은 요즘 출퇴근을 하며 일을 한다. 출퇴근이래야 그리 먼 거리는 아니지만 매일 일하러 다닌다. 비닐하우스 농사에 품을 팔러 나가는 것이다. 품 사기가 어려운 요즘이라 고용주가 아예 사람을 고용해 월급제로 일을 맡긴 것이다.

야채류를 키운단다. 덕분에 두 분은 낮예배를 드리기가 어려워졌다. 한 달에 세 번 쉬기로 한 약속과는 달리 주일에도 일하러 가게 되는 경우가 많았다. 저녁예배 시간에야 만나게 되는데 얼굴들이 벌써 꺼메지셨다.

꺼메진 얼굴이 절대 건강하게만은 안 보여 물었더니 사실 몸이 안 좋다 한다. 이중으로 비닐이 쳐 있는 하우스에 들어가면 얼마나 더운

지 얇은 옷을 입어도 한여름인 양 땀이 밴단다. 그러다 밖에 나오면 바람이 차고. 또 비닐하우스 안의 공기가 좋을 리가 없다.

퇴근하는 신 집사님 마음이 무거웠다.

그 전날 땔감이 떨어졌고, 광이 텅 비어 있는 것을 아침 일찍 출근하면서 다시 한 번 확인했기 때문이다. 까짓것 저녁이야 해놓은 찬밥으로 아들 병관이와 대강 먹으면 됐지만 천상 냉방에서 자게 생겼으니, 며칠째 몸이 좋지 않아 힘이 없는 병관이가 더욱 맘에 걸린다.

그러나 어쩌랴. 퇴근길은 이미 땅거미 진 어둘 녘. 밤중에 나무를 할 순 없는 일이었다. 힘없이 집으로 들어선 집사님이 깜짝 놀라고 말았다. 텅 비어 있던 광에 웬걸, 나무가 가득 채워져 있지 않은가. 도깨비에 홀린 듯싶어 껌벅껌벅 눈을 껌벅여 다시 확인해보았지만 분명히 광엔 나무가 가득하다. 이런 세상에, 이게 어찌된 일인가 싶어 앞집 안 집사님께 달려가 물으니 사연인즉슨 이러했다.

정경희 씨가 주보를 읽다 신 집사님네 사정을 알게 됐다. 그녀는 작년 말부터 교회에 나오기 시작한 교우이다. 일하러 다니느라 나무할 시간이 없다는 걸 안 정경희 씨가 일부러 신 집사님네에 들려본 것이다. 역시 그녀의 예상대로 광은 비어 있었다.

남편에게 사정 얘길했다. 단강리 반장인 남편 구광태 씨도 부인 정경희 씨를 따라 지난번 송구영신 때부터 교회에 나오고 있었다. 구광태 씨는 기꺼이 산에 올라 나무를 했고, 지게에 나르기에는 양이 많아

지나가는 경운기를 불러 세웠다.

봄 농사 준비하느라 퇴비를 나르고 돌아가던 길, 운전하던 성일이 삼촌도 기꺼이 일을 도왔다. 두 장정이 일을 하니 까짓 광 하나 채우는 게 어려운 일이겠는가.

금방 광엔 나무가 가득해졌다.

신 집사님이 느낀 고마움을 어찌 말로 표현할 수 있으랴. 광에 가득한 건 나무보다도 이웃의 정인걸.

병관이 중학교 입학 준비하러 부론 장에 갔다 오는 길에 신 집사님은 특별히 양말 두 켤레를 샀다. 거듭거듭 고맙다는 인사와 함께 구광태 씨에게 전했다.

아름다운 이야기들.

이렇게 알려지면 오히려 당황하게 될 테지만, 작지만 소중한 아름다운 이야기들.

그렇게 단강에 대한 고마움을 마음에 담아둔 신동희 집사님이 결국 여러 어려운 상황으로 단강을 떠나게 되었다. 떠난 뒤에도 몇 년간 드문드문 반갑고도 아픈 전화 통화를 했다.

단강에서 이사 나간 최일용 성도님과 신동희 집사님의 전화는 늘 내 마음을 아련하게 만들었다. 최일용 성도님은 아직 배움의 길에 있는 두 형제를 데리고 부론으로 나갔다가 다시 문막으로 이사를 갔다. 막내 갑수가 새로 들어간 고등학교 기숙사로 떠나 이젠 백수와 둘이서

지낸다. 문막 농공단지 내 식당에서 일하고 있는데 먹고살기가 쉽지만은 않은 듯하다.

신동희 집사님 또한 마찬가지다. 어린 병관이와 둘이서 살다가 지난해 만종으로 나갔다. 그러나 그것도 잠깐, 집사님은 청주 근교로 멀리 떠났다. 단칸방을 얻어 살며 어느 회사 식당에서 일하고 있다.

"그냥 전화했어요. 목소리라도 듣고 싶어서."

무슨 용건이 있는 전화는 아니다. 그저 목소리라도 듣고 싶어 하는 전화인 것이다. 뽑아도 뽑아도, 밟아도 밟아도 돋아나오는 잡초처럼, 어쩜 그렇게 모질게도 살아가는 두 분.

모두 잘 지낸다고 밝게 웃지만 웃음 뒤에 묻어나오는, 아득히 깔려 있는 힘겨움. 몇 마디 인사말에 나는 젖은 목소리가 되기도 한다.

이따금씩 걸려오는 전화.

그저 목소리라도 듣고 싶어 거는, 떨리는 전화.

버림받은 이는 나무를 합니다

지난 설에 설 쇠러 내려온 남철 씨가 그냥 단강에 남게 되었다. 설 쇠고선 서울로 갈 거라 했지만 말대로 안 된 것이다. 그동안 남철 씨는 인근 마을 좀재에 사는 분을 따라 서울로 올라가 라면 대리점에서 일했다. 라면 박스를 차에 싣고 내리고 하는 일이었다. 일이 고된 것도 아니고 (남의 집에 품 팔던 농사일에 비하면) 먹여주고 재워주고 월급도 30만 원씩은 되어 남철 씨로선 아주 좋은 자리를 구한 셈이었다.

입고 내려온 옷도 월급 탄 돈으로 새로 산 옷이었고, 구두도 새로 사 신었다. 이발까지 깨끗이 한 남철 씨는 그야말로 촌티를 말끔히 벗은 신사였다. 그런 자신의 변화를 남철 씨는 스스로 대견하게 여겼다. 남철 씨가 필요해서 일을 맡기고 월급을 주어 잘 돌봐주는 좀재마을 분의 배려가 너무나 고마웠다.

어느 정도 불편을 나름 감수하고 있을 그분의 마음을 어렵지 않게 헤아릴 수 있었기 때문이다. 남철 씨가 설을 쇠고 좀재로 오면 기다리고 있다 차에 태워 같이 가겠다고 약속을 했다니 마음 씀씀이가 여간 따뜻한 게 아니었다.

그러나 남철 씨는 서울로 다시 가지 못했다. 설 쇠고 약속대로 좀재로 가보니 아무도 없었다. 약속 시간보다 늦은 것도 아닌데 차도 사람도 없었다. 남긴 말이나 약속이 있었던 것도 아니다. 결국 그는 그렇게 떨궈진 채 버려졌다.

남철 씨가 정말로 필요한 사람이라면 늦더라도 남철 씨를 기다렸을 것이고, 좀재에서 차로 십여 분 거리, 이곳 단강까지 와서라도 그를 데리고 갔을 것이다.

터덜터덜 남철 씨는 힘없이 돌아왔다. 그렇게 남은 남철 씨.

남철 씨는 오늘도 지게를 지고 산에 올라가 나무를 한다.

나무를 한다.

우리는 가난합니다

작은 교회 이야기

"우리는 가난합니다."

더는 허름할 수 없는 언덕배기 작은 토담집. 시커멓게 그을린 한쪽 흙벽엔 그렇게 써 있었다.

또렷한 글씨, 5학년 봉철이었을까, 중학교 다니는 민숙이었을까. 누가 그 말을 거기에 썼을까.

아까운 줄 모르게 던진 나뭇단 불길이 반디 같은 불티를 날리며 하늘 높이 솟고, 갑작스러운 부음에 놀라 달려온 마을 사람들이 불 가를 둘러섰을 때, 불길에 비친 까만벽에 하얀 글씨.

"우리는 가난합니다."

보건소장님의 연락을 받고 작실로 올라갔을 땐 이미 거친 숨을 내쉬고 있었다. 입으로 코로 흰 거품을 뿜으며 아무 의식이 없었다. 손전등으로 불을 비춰도 동공에 반응이 없었다. 변정림 성도.

한동안 뵙지 못한 그분을 난 그런 모습으로 뵈어야 했다. 갑상선으로 목이 부어 여러 해 고생하던, 짧지만 함께 신앙생활하던 그분은 더없이 초라하고 고통스러운 모습으로 누워 있었다.

그분의 고통을 덜자고 한땐 품잡아, 아니 가난하지만 정성으로 주머니를 털어 돈을 모으기도 했던 우리였다.

감수해야 할 수술의 위험을 본인이 꺼려해 결국 두세 번 병원 들락거린 것이 고작이었던, 그걸 핑계삼아 혹 누가 물으면 우린 그래도 나름대로 할 바를 다 했다고 대답함으로 그분의 아픔에서 거리를 뒀던 우리였다.

괴롭고 초라한 모습은 "그래 너희 마음일랑 내게서 얼마만 한 거리였냐?"라고 되묻고 있었다.

변정림 성도는 며칠 전 광철 씨를 통해 받은 흰색 티셔츠를 입고 있었다. 가슴에 "젊음이여, 일어나라"는 글이 적혀 있는 옷이었다.

일어나라고?

이상하게도 그 말은 참담한 마음속을 가시처럼 걸어 다녔다. 하나님이 지켜달라는, 어찌 보면 의례적인 기도를 끝으로 변정림 성도는 서럽디서러운 삶을 마쳤다.

둘러선 사람들과 불을 쬐다 문득 발견한 글자 "우리는 가난합니다"

가 아까 티셔츠에 쓰인 "젊음이여, 일어나라"와 겹쳐서 그냥 울고만 싶었다.

못 풀고 간 설움, 꽁꽁 못질하듯 가슴속에만 담고 간 설움을 그냥그냥 울고 싶었다. 쯧쯧, 그나마 떼거지 된 것 아니냐며 혀를 차는 한 줌 동정 속에서.

단강에서 만난 예수

작은 교회 이야기

단강.

흐르는 남한강을 두고 강원도와 충청북도와 경기도가 갈리는 곳, 영
월로 유배 가던 단종이 잠시 쉬어 갔다 하여 단정端停이란 이름을 얻은
이곳 단강으로 떠나온 지 셈을 해보니 5년이 지났다.

옹기종기 70여 가구가 모여 끝정자, 섬뜰, 작실 세 마을을 이룬 작은
농촌 마을. 70여 가구라 하지만 홀로 혹은 두 분이 살아가는 경우가 대
부분이다. 물론 노년의 삶이다.

학교를 졸업하고 첫 목회지가 된 단강, 그러나 사실은 전혀 생각하
지 못한 곳이었다. 처음부터 농촌 목회에 뜻을 둔 것이 아니었기에 아
무런 마음의 준비 없이, 결국 삶을 인도하는 건 그분이려니 하는 단순

한 마음 하나로 떠나온 것이 오늘에 이르렀다.

그동안, 막연하게 생각했던 몇 가지 것들이 구체적인 것이 되었고, 농촌에 관한 문제 또한 앎의 문제에서 삶의 문제로 바뀌었다. 농촌의 구조적 모순이 어쩌느니, 해결책이 무엇이니 하는 이야기는 이젠 낯선 이야기가 되고 말았다. 그저 함께 살아가는 몇 안 되는 나의 이웃들, 그들이 겪는 쉽지 않은 삶만이 구체적으로 남아 있을 뿐이다.

이 마을에서 몇 안 되는 교우들과 함께 목회를 한다는 것은 아직 풋내기인 내게는 절대 쉬운 일이 아니었다. 품앗이로 일하다 보니 주일 낮예배는 여간해서 참석할 겨를이 없다. 밤늦게 흙투성이가 되어 돌아오는 교우들을 보고 다음 날 새벽, 끝내 종을 못 친 적도 있다. 당당하고 힘찼던 설교는 언제냐 싶게 잊은 지 오래다. 더듬더듬 어렵게 말을 이어갈 뿐이다. 제법 견고하게 흔들림 없던 신앙 구조도 물 먹은 토담집처럼 언제인지 모르게 무너지고 말았다.

어떻게 살아야 하며 무얼 어떻게 말해야 하는가. 많은 말씀이 현실과 거리감이 있고, 좋은 예화도 남 얘기이기 일쑤였다. 시간이 지날수록 설교의 곤혹스러움은 더해갔다.

곤혹스럽기는 마을 사람들도 마찬가지였을 것이다.

버려진 이 땅에서 하나님을 믿는다는 건 또 무엇을 의미하는지, 쉽지 않은 물음이었다. 그건 결국 내 삶의 존재 이유와 근거를 묻는 질문이기도 했다.

가슴이 헐리며 잘 정리되지 않는 혼란을 안으로 견디며 그래도 웃음으로, 희망으로 이웃을 만나야 하는 이중의 고통은 차라리 나 자신을 무감각한 체념 쪽으로 몰고 갔다.

무작정 견디는 게 옳은 것만이 아니란 걸 안 건 제법 시간이 지난 후의 일이다. 곶감 꼬치에서 곶감 빼먹듯 막연히 옛 신앙에 등을 기대 견딘다는 건 얼마나 힘들고도 어리석은 일인가.

어쩜 난 이제까지 당연히 물었어야 할 질문 하나를 모르는 척 미뤄온 건지도 모른다. 그리고 그건 막상 질문 앞에 섰을 때 있을지도 모르는 결과, 이 어이없는 땅엔 주님마저 떠나고 없을지 모른다는 견딜 수 없는 결론을 미리 피해보자는 심산에서였는지도 모른다. 그만큼 이 땅에는 옛 신앙만으로 견디기엔 턱없는 거리감이 있었다.

정말 그분은 이 땅에 남아 있는가. 아픔 있고 버려진 이 땅에 그분이 남아 있다면 그건 무얼 의미하는가. 피하려고 할수록 그런 질문들은 마음 한구석에 분명하게 똬리를 틀었다. 아무 생각도 없이 그냥 무너진다는 건 무엇보다 나 자신에게 견딜 수 없는 일이라는, 허울 좋은 자존심이 그 생각 하나는 붙잡고 놓지 않았던 것 같다. 그러나 아무런 답도 없이 믿음도 마음도 시선도 메말라갔다. 체념을 다스리는 것뿐인지도 모른다고, 그렇게 농촌 목회를 정의해 자위하며 난 정말 서서히 무너지고 있었다.

그런데 우연히, 정말 우연히 이 땅과는 거리가 있던 그분의 모습을 한층 가까이에서 느낄 수 있었는데 뜻밖에도 흔한 것을 통해서였다.

그건 다름 아닌 담배 꽃과 폐비닐이었다.

양담배 수입에 밀려 지금이야 많이 줄었지만 이삼 년 전만 해도 단강 농사는 대부분 담배였다. 지금도 많은 집에 흙벽돌로 쌓아올린 담배 건조실이 빛바랜 추억처럼 남아 있다.

담배는 일종의 계약재배이기 때문에 별 영농자금 걱정 없이 농사를 지을 수 있고, 수매 가격이 대강 정해져 있어 다른 작물처럼 가격 파동을 겪을 위험이 적기 때문에 쉽게 재배할 수 있다.

가장 손이 많이 간다는 담배 농사, 이젠 정말 일할 사람이 없어 서너 집만이 어렵게 꾸려가고 있을 뿐이다.

담배 농사는 이른 봄부터 시작된다.

왕겨를 태워 만든 왕겨 분탄과 흙과 거름을 섞은 후 거기에다 재 같이 작은 씨를 뿌린다. 한 달 정도 지나 파란 싹들이 오르면 하나하나 가식하고 나서 20일 후쯤 밭에다 내다 심는다. 저게 살까 싶었던 여린 싹들도 심어만 놓으면 이 땅이 내 땅이다 싶게 쑥쑥 자라 오르고, 층층이 넓적한 잎새들이 피어오른다. 그렇게 한참 자라 올랐을 때, 대부분 모든 식물이 그러하듯 담배도 맨 꼭대기에 꽃망울을 맺기 시작한다. 그러기를 잠깐, 담배밭은 약속이나 한 듯 환한 꽃들로 번지는데 그 모습이 여간 예쁘지 않다. 수많은 나팔수들이 제각각 나팔을 들고 노래하듯, 붉은 꽃들이 제각각 사방으로 힘차게 고개를 내민다.

그러나 담배 꽃은 참 불행하다. 피기가 무섭게 잘리고 만다. 칼로 낫으로 툭툭 잘리고 만다. 담배에서 필요한 건 오직 잎인지라, 꽃을 잘라 꽃으로 갈 양분을 모두 잎으로 돌리기 위해서이다. 여느 꽃처럼 언제

한번 자세히 보아주는 경우도 없고, 예쁘다고 향내 맡으며 칭찬해주는 사람도 없다.

어느 주일엔가 제단 화병에 담배 꽃이 놓인 적이 있었다. 중학생 경림이와 은희가 꽂아둔 것이었다. 제단에 있는 담배 꽃이라, 왠지 아이러니컬해 보이는 그 모습에 예배를 드리며 자꾸 눈이 그리로 갔는데 그때 불현듯 마음을 지나가는 생각이 있었다.

잎을 위해 꺾인 꽃.

어쩜 그리도 담배 꽃은 이 땅 농민들을 닮았는지. 그리고 그것이야말로 고난 받는 종의 참모습 아닌가.

선진국으로 도약하기 위해선 희생양이 필요하다며 한번 제대로 피지도 못하고 너무도 쉽게 잘리고만 농민의 삶. 귀찮은 일감이라고 농민의 손에 부질없이 잘리고 말지만, 잘리는 꽃이 그 꽃 자르는 이의 삶과 어찌 그리 닮았는지.

그는 사람들에게 멸시를 당하고 버림을 받았을 뿐 아니라 고통을 겪었고 언제나 병을 앓고 있었다. 사람들이 그를 보고서 얼굴을 가릴 만큼 그는 멸시를 당했으니 우리마저도 그를 무시해버렸다. 그러나 사실 그가 짊어진 병은 우리의 병이었고 그가 짊어진 아픔은 우리의 아픔이었다. 그런데도 우리는 그가 맞을 짓을 해서 하나님께서 그를 때리시고 고난을 주신다고 생각했다. 그러나 사실은 우리의 허물이 그를 찔렀고 우리의 악함이 그를 짓뭉갰다. 그가 책망을 받아서 우리가 평화를 누리고 그가 매를 맞아서 우리의 병이 나은 것이다(사 53:3-5, 우리말성경).

그렇다. 주님은 꺾이는 모습으로 이 땅에 남아 있었다.

크게 일어나 부흥하고 성장하고 높아지는 그런 모습이 아니라, 너무도 쉽게 꺾이고 잘리고 만 불쌍하고 초라한 모습으로 이 땅에 남아 있다. 담배 꽃처럼 잘려 버려진 사람들 곁에, 주님은 바로 그들과 함께 꺾인 모습으로 계셨던 것이다.

꺾인 담배 꽃으로 계신 주님, 단강의 주님이 계신 자리가 바로 그곳이었고, 그 자리야말로 버려진 이웃과 함께 선 뜨거운 자리였다.

봄이 되면 단강엔 은빛 물결이 출렁인다. 낮엔 햇살에 밤엔 달빛에 빛나며, 은빛 물결은 이 골짝에서 저 골짝으로 번져간다. 다름 아닌 비닐 물결이다. 고추머 담배머 참깨머 못자리며 모두 비닐을 덮는다. 그러면 비닐은 눈물의 강처럼, 한숨의 물결처럼 사방으로 흘러간다.

비닐은 구멍을 내뽑아 올린 모종 말고 다른 풀들을 자라지 못하게 하며, 수분도 저장하는 두 가지 역할을 한다. 그러나 곡식을 거두고 나면 말 그대로 폐비닐이 된다. 아무짝에도 쓸모가 없고 썩지도 않아 뒤처리가 골치 아프다. 편리한 대로 쓰고 나면 그만이다.

지난봄이었을 게다. 조귀농에서 사기막으로 넘어가는 산골짜기 작은 밭, 거기 서 있는 허수아비를 본 적이 있다. 사람의 형상을 만들고 그럴 듯이 옷을 입혀놓은 그런 허수아비가 아니었다. 달랑 찢긴 폐비닐 한 장이 걸려 있을 뿐이었다.

폐비닐 허수아비, 산다랭이 밭주인은 무슨 맘으로 폐비닐 허수아비를 내세웠을까? 신기한 마음으로 걸음을 돌릴 때였다.

순간 퍼뜩 골고다 언덕이 지나갔다. 놀라 다시 되돌아보았을 때 거기 서 있는 폐비닐 허수아비 위로 아스라이 골고다 언덕의 십자가가 겹쳐졌다.

얼굴도 팔도 없이 잔바람에도 펄럭이는 폐비닐 허수아비가 양팔 벌리고 매달린 예수의 모습으로 다가왔다. 거칠게 찢긴 폐비닐이 십자가의 고통과 맞물렸다.

"엘리 엘리 라마 사박다니!" 펄럭이는 비닐을 따라 그 음성이 들려왔다. 저 처절한 버려짐과 저 처절한 자기 찢림이라니.

수없이 듣고 말해왔던, 그러나 쉽게 가닿을 수 없었던 골고다 언덕 십자가가 문득 폐비닐 허수아비와 겹쳐서는 너무도 분명하게 내 앞에 다가와 있었다.

그래, 예수란 저렇게 이 땅에 남아 있었던 거구나, 폐비닐처럼 버려진 삶을 허수아비로 세워 걸곤 주저앉은 이 땅에 예수도 함께 매달렸던 거구나, 찢긴 몸으로 텅 빈 몸으로 매달렸던 거구나! 뜨거워지는 눈시울을 어쩔 수 없었다. 한동안 움직일 수가 없었다.

흔히 농촌 목회를 다녀가는 곳으로 인식한다. 군대 제대하듯 전도사로 왔다가 목사 안수받으면 떠나는, 진급을 위해 거치는 한 과정쯤으로 생각하고 있다.

단강에 온 지 이제 5년, 주위 사람들은 목사가 되고도 여전히 남아 있는 나를 언제쯤 무슨 명분을 내세워 떠나나 보자는 식으로 바라본다. 그러나 떠남을 생각하고 있진 않다. 해야 할 어떤 특별한 일이 남아 있어서 그러는 것도 아니다. 작은 마을 단강에서 만난 그분, 담배 꽃과 폐비닐로 남은 그분이 나에게 던지는 질문에 아직 분명하게 대답하지 못했기 때문이다.

가난하고 병들고 지친 이들, 외롭게 버려져 살아가는 이들, 그들 곁에서 함께 쓰러질 순 없느냐고, 꺾일 순 없느냐고, 그렇게 그들과 한자리에 설 순 없느냐고 나직이 그러나 엄하게 묻고 있기 때문이다.

꺾인 담배 꽃으로, 폐비닐로 내걸린 허수아비로 이 땅에 남아 있는 그분이.

방앗간의 방아소리가
하루종일 그치질 않습니다.
기다림의 소리죠.
동네 개들은 개들대로
방앗간 앞에 모여
전에 없이
꼬리를 칩니다.
좋은 명절,
기쁜 명절 되시길 빕니다.

예배당

"날마다 새벽 종소리를 들어서 맘이 좋았어유."

136

오늘 새벽에도 교회로 들어서는 현관문 앞에는 작은 막대기 하나가 벽에 기대 서 있었다.

'오늘도 오셨구나.'

김현복 할머니.

언젠가 소개한대로 연세가 75세이신 우리가 궁의 할머니시다. 현관에 서 있는 막대기는 할머니가 짚고 다니시는 지팡이인 것이다.

며칠 전부터 할머니가 새벽예배에 참석하고 계셨다.
할머니 사시는 아랫 층실까진 내 걸음으로 10여분 걸리니까 할머니는 그보다 더 걸리리라.

머리 곱게 빗고 맨 앞에 앉으신 할머니.
오늘은 또 무얼 기도하실까.

멀리 서울로 떠난 철없는 막내아들 위해 기도하실까.
우리 전도사 좋은 목사 되게 해 달라고 기도하실까.

교회 출석한지 얼마 안되는 편중임 집사도 좌석에서 내려온다. 마땅한 시계가 없어 새벽 4시 30분, 시간 맞추기가 어렵지만 그만 큼 더 일찍 내려온다. 짐작으로 옳이 목에 올라 고생하면서도 꾸준히 내려온다.

전에도 몇번 그런 적이 있는 김을수 집사님은 이번에도 다시 한번 실수(?)를 하였다.

자다 깨어 놀라 달려와 기도하다가 교회 먹시계를 확인하니 새벽 2시. 다시 돌아가 잠깐 누웠다가 종소리에 깨어 다시 달려왔던 것이다.

오늘도 현관에 서 있는 나무 지팡이를 만져, 나와 연서 와 있는 할머니의 나무 지팡이를 보며 부끄러운 마음으로 문을 연다.
무얼 그리 열심히 간구하는지 두손 모아 허리 굽힌 채 뒤 를 아는지 앉은 할머니.

의외의 것, 하찮은 것 속에 스민 보물을 찾는 그 열린 눈!

188

창세기, 노아때의 홍수를 배운 날이였다.
6학년인 경림이가 물었다.
"전도사님, 배에 탄 사람과 동물말곤 모두 다 죽었어요?"
"응, 다 죽었어."
"그럼 물고긴 어떻게 됐어요?"
물로 멸망 당했다면 물고긴 살수였지 않았겠느냐는 것이다.
"응, 그래. 네 말이 맞겠구나."

주제에서 벗어난 것이라 하여도 한 아이의 시선, 그 특이한 시선을 대하며 성서는 결코 일방적으로 읽을수도, 말할수도 없는것임을 새삼스레 깨닫는다.
성서를 아이의 눈으로 읽으면 어떻게 달라질까.

분명히 예수는 우리 삶을 주목한다. 우리가 느끼지 못하고 있을 뿐…

191

광철씨가 늦게야 내려왔다.

수요예배를 마치고 집사님 두분과 얘기 나누고 있을때 광철씨가 교회마당으로 들어선 것이다. 꽃과 비닐봉지가 손에 들려 있었다. 꽃은 그날 말한 집에서 얻어온 것이고 비닐봉지안에 있는 호박은 집에서 따왔단다.

늦었으니 어서 올라가라는 집사님의 말에 그래도 왔으니 기도나 하고 간다는 광철씨는 예배당으로 들어간다.

제단 불을 켜고 가져온 꽃을 꽂는사이 광철씨는 마루 뒷쪽에 무릎 꿇고 앉아 나즈막한 소리로 기도를 드렸다.

더듬 더듬 기도가 이어졌다.

"하느님. 일하다 늦어서 죄송합니다.
 농사철이 되어서 으토게 바쁜지 죄송합니다.
 전도사 사모님 건강하시고 소리도 건강하시고
 저는 가진게 없어 헌금도 못내고 죄송합니다.
 그래서 오늘 꽃하구 호박 가져왔습니다."

죄송하것 뿐인 사람. 모든게 죄송할 뿐인 사람.
문득 떠오르는 세리의 기도.

마음은 늘 고향, 뜨거운 뙤약볕 땀 흘리실 부모님 곁일 텐데.

303

며칠째, 종석이가 학교에 안갔다.

국민학교 3학년, 책가방, 신발등을 스스로 감추고 아침이면 어딘가로 숨어 종석이는 학교를 피했다.

숙제가 싫다고, 못한다 친구들이 흉보는 공부가 싫다고 하지만 그 것만은 아니다.

작년 젊은 나이에 병으로 돌아가신 아빠, 도시 어딘가로 돈벌러 나간 엄마.

우뚝뚝한 종석이지만 철부지 막내가 엄마 아빠가 보고 싶은거다.

엄마 아빤 어디 계신 건인지.

마음속 뻥 뚫린 허전함은 싫은 공부만이 아니라 엄마 아빠 보고 싶어 하는 마음, 아무도 그 마음 알아주지 않기 때문인지도 모른다.

아빠는, 이제 막 세상에 눈 뜬 너를 돕고 싶단다.

306

"아직 꿈을 포기하기엔 넌 아직 많은 가능성을 가지고 있어.
낢은 아름다운 거란다."
고등학교 졸업하자마자 문막 농공단지에 취직을 해 문막에서 자취하고
있는 복순이. 직행버스, 옆에 앉은 복순이에게 그럴듯이 얘기한다.
내 자신에게 들려주고 싶던 얘기를.

죽은 것 같지만 살아 있는 것을, 약한 것 같지만 강한 것을!

445

"하느님은 머슴도 안살아 봤나?
비도 안 내리시게."
옛날, 일이 너무 고된 한 머슴이 하늘 보고 그랬답니다.
비나 와야 일이 뜸했을 테니까요.
쉴새없이 일에 쫓기는 치화씨와 광철씨를 보고선 우송장님이
그 얘기를 했습니다.
겹쳐 쌓인 피곤를 채 돌보지 못하는 그들의 피곤이 안스러웠던
것입니다.

그동안 우리의 이야기 속에 함께하신 하나님

452

- 교회 세워진지 몇년됐죠?
- 3년 됐습니다.
- 지금 몇명 모입니까?
- 20여명 모입니다.
- 첨엔 몇명 모였나요?
- 20여명 모였습니다.
피식 웃었다. 자격심사, 둘러 앉은 심사위원들이 3년동안
그대로인 숫자를 두고 웃었다.
나도 웃으며 그랬다
- 작년 한해 동안 세분 이사 가고 세분 돌아 가셨습니다.
모두들 다시 웃었다. 고개를 끄덕이며.
그러면서
- 됐습니다. 나가세요.
그렇게 자격심사가 끝났다.

"축하드려요, 할머니.
할머닌 이제부터 영원히 하나님 딸이세요."

604

성탄절 날 허 석분 할머니가 세례를 받았습니다.

한번 나오기가 어려웠지 한번 나온 뒤로는 누구보다 꾸준하셨던

할머니, 때론 저녁예배나 새벽예배에 어둔 밤길을 홀로 걸어 작실로 부터 내려오시기도 했습니다.

정한수 떠놓고 치성 드리던 옛 성품으로 하느님 섬겼으니 그 믿음이 얼마나 그윽하고 아름다운 것이었겠습니까.

성탄절 날, 할머니는 한복을 곱게 차려 입고 나오셨습니다.

그리고 세례를 받으신 것입니다.

세례를 베푸는 마음이 무척이나 기뻤습니다.

예배를 모두 마치고 할머니께 축하 인사를 드렸습니다.

"축하드려요, 할머니

할머닌 이제부터 영원히 하느님 딸이세요"

손을 마주 쥔채, 축하 인사를 받으신 할머니는 주르르 눈물을 흘리셨습니다.

뜨거운 눈물, 할머니의 눈물을 마주하자 나도 눈시울이 뜨거워졌습니다.

곱게 믿음을 지켜 세례를 받으시고, 뜨거운 눈물로 감사하는 할머니의 믿음.

할머니의 눈물이 그렇게도 귀할 수가 없었습니다.

누구 하나 넉넉한 이 없이 어려움 속에서 드린, 거룩한 액수

608

성탄절 아침 승학이 할아버지가 일찍 찾아오셨습니다.

"오늘이 성탄절 맞제?" 하시며 뭔가를 손에 쥐어 주시는 것이었습니다.

만원짜리 지폐였습니다.

"애들 과자락두 사줘" 할아버지는 이내 돌아가셨습니다.

고마운 손길이 아닐 수 없습니다.

해마다 그랬습니다.

당신은 교회에 나오지 않지만 해마다 성탄절이 되면 그렇게 정성어린 손길을 전해주시는 것입니다.

넉넉지 못한 용돈을 아끼셨다 전하시는 지폐도 지폐였지만, 해마다 어김없는 따뜻한 기억이 더욱 더욱 **고마웠습니다.**

흘린 땀만큼 대가를 받을 수 있는 그때는 언제쯤인지요.

619

〈 아무리 추운날 낳다해두 송아질 방으루 들이면 안돼유,
   그러문 죽어유.
   동지섣달 추운 밤에 낳대두 그냥 놔 둬야지, 불쌍하다 해서 금불땐
   방에 들이문 오히려 죽구 말아유 〉

송아지를 낳은지 며칠 후 속회예배를 드리게 된 윗작실 이 식은 성도님은
이렇게 날이 추위 송아지가 괜찮겠냐 묻자 의외의 대답을 했습니다.

〈 송아지는 낳아 어미가 털을 핥아 말려 주문 금방 뛰어 다녀유.
   낳자마자 엄마 젖을 먹는데 그걸 초유라구 하지유.
   그 초유를 먹으믄 아무리 추운 날이랙두 추운 걸 모른대유. 초유속에
   추운 걸 이기게 해 주는 그 무엇이 들어있대유. 〉 하고 웃으믄께
들었다는 얘기를 들려주었습니다.
   아무리 날이 추워도 엄마젖을 빨면 추위를 이길 수 있다는 말이
신기하고도 귀했습니다.

   예전 같으면 모두가 모유를 먹였지만 요즘이야 대부분 이런저런
이유로 우유로 모유를 대신하고 있습니다.
   엄마젖을 먹어 아무리 무서운 강추위라도 이겨낼 수 있다는 송
아지 얘기는 꼭 송아지 일딴은 아니어서 사람도 다름 아닐 것입니다.
   강추위(모진 고난)를 이길 수 있는 신비한 힘은 엄마젖과 엄마
의 젖을 먹는 신체끼리의 따뜻한 접촉에서 비롯되는 것일 겁니다.
   선입견 때문인진 몰라도 요즘 아이들이 강인함을 점점 잃어가
는 것은 모유의 신비한 힘을 기대하지 못한 이유인지도 모릅니다.
   갱갱 칼날 바람 부는 겨울밤의 매운 추위도 엄마젖 쑥 빨아들여
잊고만다는, 이 식은 성도님이 들려준 갓난 송아지 얘기는 정말 신기하
고도 귀한 얘기였습니다.

여섯 식구가 사는 조그마한 오두막집, 가보면 사는 게 사는 게 아니다.

625

"글쎄
이번 달엔 전화요금이 너우 많이 나왔어유.
쓴적두 별루 읍는데."

속회예배를 마쳤을때 윤 면섭할머니가 전화요금 걱정을 했습니다.
조그마한 오두막집 홀로 살고 계신 할머니가 전화를 놓은건 재작년일
입니다.
혼자가 되신 어머니를 위해 자식들이 돈을 모아 전화를 놓아 드렸
던 것입니다.
눈이 어두운 어머니를 위해 전화기의 반이 숫자판으로 되어있는
전화기를 골라 샀습니다.
그래도 어쩔 수가 없어 할머니는 드물긴 하겨만 전화걸일 생기면 '건넌
말 애들 불러 다 숫자 눌러 달라' 하던지, 애들 없을맨 전에 그
랬듯 딴집가 돈수고 걸든지 그렇게 지내오고 계셨던 것입니다.
거의 수신전용 전화기가 되어 버린 셈입니다.
그런데 요금이 많이 나왔다니 얼마나 나왔냐 여쭙자

"글쎄 삼천원이 넘게 나왔어유
매달 천몇백원씩만 내운 됐는데.' 하시는 것이었습니다.
삼천원이 넘게 나와 걱정하는, 기다림뿐인 할머니의 전화.
순간 안타까움과 안쓰러움이 바람처럼 맘속을 지났습니다.

교회 마당 주위의 꽃들이 키 자랑하듯 쑥쑥, 하루가 다르게 큰다.

670

작별 반장을 보고 있는 병철씨가 얼마전 딸을 낳았습니다.
첫아들 규성이에 이어 둘째로는 딸을 낳았습니다.
아기낳기 전날까지 하루종일 고추모를 같이 심었던 부인이 다음날 새벽녘 배가 아프다 하여 차를 불러 원주 시내로 나갔는데, 나가자 마자 별 어려움 없이 아기를 낳은 것입니다.
엄마따라 새로 난 아기도 건강했습니다.
병원을 다녀오는 병철씨 입가에 웃음이 가득했습니다.
둘째 아기를 건강하게 잘 낳은것도 그렇고 첫째가 아들이라 은근히 둘째로는 딸을 기대했는지도 모릅니다.
낭랑한 아기울음 오랫만에 동네에 퍼지게 되었고 오처럼 흰 기저귀 널리게 되었습니다.

(계속)

며칠전 끝정자로 내려가다 버스정류장께를 지날 때 보니 개울둑 저만치 누가 누워있는 것이 보였습니다.

병철씨 였습니다.

모자리를 한 논를 보러 나왔다가 봄볕에 잠시 쉬고 있는 중이었습니다.

올겨울 병철씨는 논을 새로 샀습니다.

못자리를 한 논은 물론 그 논에 연이어 붙은 제법 큰 논다랭이 서너개가 이번에 새로 산 논이었습니다.

병철씨가 손으로 그 논들을 가르쳐 주었습니다.

새로 낳은 아기 이름을 지어 달라는 부탁을 할머니와 엄마 아빠가 의논해서 짓는게 좋겠다며 일어나 끝정자로 발길을 돌렸습니다.

문득 병철씨가 고마웠습니다.

젊은 사람 떠날대로 떠난 농촌에 남아 굳굳하게 농사를 지으며 마을을 위해 반장일을 보는거야 새삼스러울게 없는 변함없는 든든함입니다.

새삼스레 병철씨가 고마웠던건 아기낳고 농사지을 땅 늘리는 그런 단순한 삶의 모습이 단순함을 넘어 무언의 메시지로 다가왔기 때문입니다.

젊은 부부가 아기를 낳는거야 지극히 자연스런 모습이지만 왠지 그런 모습이 버려진 땅에 씨뿌리는, 버릴 수 없는 땅을 지키려는 땅에 대한 농부의 비장한 다짐처럼 여겨졌습니다.

사람들 뿌리 뽑히듯 떠나간 황량한 땅위에 더욱 깊게 뿌리내려 버리려는 모습으로 보였습니다.

농사지을 땅을 늘린 모습 또한 그랬습니다.

바벨론 군대에 포위된 절박한 상황속, 갇혀 있으면서도 사람을 시켜 땅을 샀던 예레미야의 모습이 병철씨 모습과 겹쳤습니다.

위급한 상황, 다른 사람이 그러하듯 피난살 궁리를 하는것이 옳았을텐데, 땅을 사다니 그처럼 어리석은 일이 어디 있을까만 그건 하느님의 사랑만이 가질 수 있는 내일에 대한 확신의 모습이었습니다.

농사지을 사람이 없어 묵는 땅이 늘고, 어떻게든 전답을 정리해 도시생활의 밑천을 남으려는 듯 젊음을 두고 그런 흐름을 역행하듯 논을 사들인 병철씨.

그저 주어진 삶을 성실하게 살아갈뿐, 이런 얘길 들으면 그런건 아니라고 말하겠지만 내겐, 적어도 내겐 둘째 딸을 낳고 땅을 사들인 병철씨 모습은 결코 평범한 모습만은 아니었습니다.

어린이 백과사전도 있고, 한데 어울려 쿵탕쿵탕 뛰어놀 수도 있는 곳

690

교회 새로 만든 방에서 책을 읽고 있는데 누군가 배꼼 들여다 보는 아이가 있었습니다.

종순이였습니다.

"목사님, 뭐 해요?"

열린 창문을 통해 발돋음을 하고선 종순이가 묻습니다.

"음, 공부한다."

그러자 종순이가 이내 눈이 동그래져 묻습니다.

"목사님두 공부해요?"

공부는 자기 같은 아이들만 하는 것으로 알았나 봅니다.

"그럼.

　공부는 죽을때까지 하는거야."

고개를 갸우뚱, 종순이가 돌아섭니다.

그런 종순이를 내다보며 미안하기도 하고 다행스럽기도 합니다.

농사일에 책 볼 겨를이라곤 없을 종순이 엄마. 아빠.

종순이에겐 어른이 책 읽는 모습이 신기해 보일수 밖에 없었을것입니다.

정말입니다.

종순이에겐 미안하기도 하고 다행스럽기도 했습니다.

장마로 인하여 어려움 겪는 가정 없도록 지켜주옵소서.

708

"사실 비가 안와 애가 탈땐 비좀 오시게 해달라고 기도도 했습니다만 하느님. 이젠 비가 너무 와서 걱정 입니다. 비좀 고만 오시게 해 주셨으면 고맙겠습니다." 며칠째 맑은 비가 쏟아진 장마. 그칠줄 모르는 빗속 수요예배를 드릴때 김 명복집사님의 기도가 솔직하다.
지었이 하느님도 웃으셨으리라.
금년 장마 곱게 지나간데에는 집사님 기도도 적지 않았으리라.

그러고 보면 할머니가 젊은 전도사보다도 믿음이 더 좋으시다.

966

놀이방 다니는 학래는 집에서도 기도를 잘 합니다. 여러가지 공사를 맡아서 하고 있는 아빠가 늦게 돌아오는 날이면 학래는 기도를 열번도 더합니다.

"우리 아빠가 왜 안오지?"

걱정 한번 될때마다

"하나님, 우리 아빠 빨랑 오게 해 주세요" 기도 한번 합니다.

밤 늦게 아빠가 돌아오면 선잠이 깨어서도

"그것봐, 내가 기도해서 아빠가 왔잖아" 하며 스스로의 기도를 대견해 합니다.

"하나님, 오늘은 우리 아빠가 공구리쳐요"

"하나님, 오늘은 우리 아빠가 입찰을 봤요"

공구리가 뭔지, 입찰이 뭔지 아직 알진 못해도 아빠에게 사정이 있을 때마다 학래는 기도를 합니다.

그리고 학래는 자기가 드리는 기도를 하나님이 모두 들어 주시는 것을 알고 있습니다.

이번 주일엔 '뱀을 잡은 돈의 십일조 7,200원 김봉래 집사'라는 헌금 봉투

987

　자꾸만 머리가 아프다는 김 천복 할머니를 모시고 병원을 갔더니, 하룻밤 묵으며 치료를 받자 한다.
　링게르 주사를 꽂으면 저녁 늦게까지 맞게 되는데, 밤늦게 돌아가느니 병실도 비었고 하니 주무시는게 좋겠다는 것이었다. 백 일기 원장님의 따뜻한 배려였다.
　5층 입원실로 올라가 잠시 복도에서 기다리고 있는데 할머니가 당신 가방을 열더니 돈 2만원을 꺼내 건네신다.

　"이게 왠 돈이예요?"
　난 혹시 내 차를 타 차 삯을 내시려나, 돈을 받지 않으며 물었더니
　"당근 딴 십일조예유.
　작년엔 40만원 받았는데 올핸 14만원 밖엔 못 받았어유."

　잦은 병치레, 언제 어떻게 돈을 쓰게 될 지 몰라 할머니는 미리 십일조를 구별해 두려는 것이었다.
　당근 딴 십일조 2만원을 전해 받는 손길이 떨리고 쉽지 않다.
　죽음의 고비 겨우 넘기고 어지럼증 이기며 김을 매 키워낸 할머니의 당근, 할머니는 십일조에 당신 마음 모두를 담아 하나님께 드리고 있었다.

깨끗하고 맑은 공기 속 시골에서 자랐습니다. 언제나 사랑 속에서…

1267

단강국민학교가 소풍을 가는 날, 아내는 김밥 하나를 더 쌌다. 은주가 마음에 걸렸기 때문이다.

은주 엄마가 김밥 쌀 형편은 못되고, 그나마 동생을 챙겨 주곤 했던 언니 은희는 병원에 가 있고, 누가 김밥 싸줄 식구가 없었다.

소리를 따라 소풍을 다녀온 아내가 은목이를 대견해 한다.

소풍을 가 보니 은주가 김밥을 싸왔더라는 것이다. 중학교에 올라간 은목이가 새벽같이 일어나 김밥을 쌌다는 것이었다.

동생이 소풍 간다는 얘길 듣고 그런대로 장을 봐아 동생 김밥을 말아 챙겨 보내 주었던 것이었다.

천부지인줄로만 알았던 은목이, 어느새 은목이도 그만큼 자라 있었다.

실내화를 안 가지고 학교에 갔다. 다음부터는 꼭 챙겨야지.

1335

섬돌 종순이네 개 이름은 '한돌이'입니다. 강아지이던 한돌이가 어느샌지 쑥 자라 덩치가 꽤 되는 개가 되었습니다.

요즘 한돌이의 취미는 신발 물어가기입니다. 이집 저집 다니면서 눈에 띄는 대로 신발을 물어 갑니다. 혼나기도 하고 큰소리로 야단을 맞기도 하지만 한번 든 그 버릇을 쉽게 버리지 못하고 있습니다.

신발이 없어지면 종순이네 부터 들려봐야 합니다. 대개의 경우 잃어버린 신발은 한돌이 짓이고, 신발장자 하려는지 물어가면 한돌이는 제 집에 모아두는자라 거기 가야 찾을 수가 있습니다.

생각다 못한 종순이네는 한돌이가 신발을 물어올 때마다 물어 온 신발을 집앞 석유를 담아 두는 드럼통 위에 올려 두기로 했습니다. 없어진 신발을 찾아 집안을 가웃거릴 필요없이 드럼통 위를 확인하면 됩니다.

또 한가져, 한돌이는 한돌이대로 벌을 받고 있습니다. 목에 치령치령 슬리퍼를 매달고 다니는 것입니다. 한돌이가 목에 슬리퍼를 매달고 다니는 것을 보면 저절로 웃음이 납니다.

신발 물어가는 개의 버릇을 동네에선 그렇게 잡습니다. 목에 신을 매달아 놓으면 덜렁덜렁 신을 목에 걸고 다닌 개가 다시는 신을 물어가지 않게 되는 것입니다. 신을 물어가 신을 달고 다니는 벌을 받게 됐다고 깨달아서인지, 하도 목에 걸린 신 때문에 고생을 한 끝에 신만봐도 신물이 나서인지 다시는 신을 물어가지 않게 됩니다. 물론 그것도 개 나름이지만요.

신을 물어가 신을 목에 걸고 다니는 벌을 받는 한돌이, 녀석의 모습이 우습기도 하고 딱하기도 하지만 저 고생 끝에야 녀석은 못된 버릇 하나를 버리게 될 것입니다.

필요한 곳에 우리를 세우시는 주님의 은혜가 참으로 감사했습니다.

1577

경임이가 햇살 놀이방 교사로 일하게 되었습니다. 경임이라니? 대학을 졸업하고 놀이방 선생님이 되었는데 김 경임선생님이 아니라 경임이라니? 그런데도 또한게 경임이라 부릅니다. 우리가 처음 단강에 왔을때 경임이는 초등학교 5학년이었습니다. 수줍음 잘 타는 아이였었지요. 한해 두해 세월이 가며 경임이는 중학생이 되고 고등학생이 되고 그러더니 대학생이 되고 드디어는 학교 공부를 마치게 되었습니다.

상지전문대 유아교육학과를 졸업하게 되었습니다. 유치원이나 선교원 혹은 놀이방 교사로 일할 수 있는 자격을 갖게 되었지요.

때마침 햇살놀이방에 교사가 없던 때라 은근히 경임이의 의중이 궁금했습니다. 그러나 경임이는 이곳 저곳 일할 곳을 알아보았지요. 학교에서 공부를 마치고 처음으로 갖는 일터, 경임이의 마음이 얼마나 설렜을까 짐작이 됩니다.

경임이가 갖는 기대와 꿈을 잘 알기에 쉬 이야기를 꺼낼 수가 없었습니다. 하지만 속 마음은 경임이가 '햇살 놀이방' 어린이들을 돌봤으면 했습니다.

자신도 농촌에서 자라 농촌의 어려움을 잘 알고 있을 것이고, 까마득 하긴 하지만 햇살 놀이방 어린이들은 자신의 고향 동생들, 단강에서 자란 어린이들을 가르칠 자격을 얻었으니 고향을 사랑하는 마음으로 몇년여 만이라도 아이들을 돌봤으면, 그런 바람을 마음으로만 가지고 있었습니다.

햇살놀이방의 조건이 다른 곳보다 월등 좋았다면 선뜻 나서 이야기를 했을터지만 그렇지 못한 현실이 이야기 꺼내는 것을 어렵게 했습니다.

그런 마음을 가지고 있는 동안 사실 난 나를 돌아보며 나자신을 반성하곤 했습니다.

내가 좀더 헌신적인 삶을 살았다면 경임이도 아무 어려움없이, 조건 따위에 얽매이지 않고 선뜻 결정을 내렸을 텐데 …… 하는 반성이었습니다. 아쉽고도 아픈 반성이었습니다. 그러던 어느날이었습니다. 경임이가 전화를 걸어선 "저, 제가 햇살놀이방에서 일하면 안 될까요?" 이야기를 하는 것이었습니다.

얼마나 반갑고 대견하던지요. 며칠후 경임이를 만나 편하게 이야기를 나눴습니다.

필요한 곳에 우리를 세우시는 주님의 은혜가 참으로 감사했습니다.

작고 초라할 뿐 어찌 그들의 삶이 무의미하다 하랴.

얘기마을 얘기 들어 주셔서 감사합니다.

- 한 희철, 강 은미. 소리, 규권 드림

- 맹 주완 군의 지도로 부곡감리교회 아동부에서는 〈샛별〉이라는
주보를 내고 있는데 며칠 전 〈샛별 주보사〉에서 카드가 왔습니다.
카드에는 어린이 기자가 썼지 싶은 인사말이 다음과 같이
써 있었습니다.
'그동안 저희 샛별 주보를 보아 주어서 감사합니다'
훈치 않은 그 인사말을 보고 난 한참을 생각했습니다.
성탄을 맞으며, 한해를 보내며 덩달아 같은 인사를 올립니다
"한해동안도 얘기마을의 얘기 들어 주셔서 감사합니다"

단강의 모든 식구들, 얘기마을 가족 여러분
한해 동안도 교마운 일이 참 많았습니다.
성탄의 기쁨과 은총이 늘 함께 하시길 빕니다.

유 보비 집사님의 수고로
햇살놀이방 어린이들이
뇌염예방주사를
맞았습니다.
한 명도 안 울고
주사를 맞는
대견함이라니요.

사랑채

시드니에서 함유경

한희철 목사님

먼저 글 속에서 저와 목사님과 단강교회를 만나게 해주신 주님께 감사드립니다.

저는 이곳 시드니 서부 지역에 교포 30여 명 모이는 자그마한 교회에 다니고 있는 열두 살짜리 아들 하나를 둔 아이 엄마입니다.

이곳에 이민 온 지 만 6년째 되지만 그동안 이민 와서 정신없이 지내다 보니 한국에 한번 다녀오지 못했는데, 지난 연말 겨우 일주일 동안 짬을 내어 아이 아빠가 한국에 다녀왔습니다. 그런데 한국에서 저에게 주려고 사온 책이 바로 목사님이 쓰신 《하나님은 머슴도 안 살아봤나?》였습니다.

책을 읽는 동안 저는 어느새 단강에 가 있었습니다.

당신 잡수시기엔 아까워 뽑지 못하는 무, 배추도 목사님께는 기쁨으로 뽑아 드리는 할머니는 오래전 돌아가신 저의 할머니를 떠올리게 했

해마다 잊지 않고 제비가 날아와
집을 짓고 알을 품는 안 속장님 댁은
어릴 적 서울 변두리에 있었던 저의 집을
생각나게 했습니다.

고, 해마다 잊지 않고 제비가 날아와 집을 짓고 알을 품는 안 속장님 댁은 어릴 적 서울 변두리에 있었던 저의 집을 생각나게 했습니다.

한인 교포들이 밀집되어 있는 곳의 교회는 큰 곳도 많이 있지만, 유난히 한국 사람들은 단합이 잘 되지 않아 교회가 자꾸 분열되고 숫자만 늘어갑니다. 제가 사는 지역은 교포들이 그리 많지 않은 곳인데도 교회는 여러 곳이 있습니다. 그러던 중 목사님과 단강교회를 만나게 되었습니다. 새로운 면을 발견하게 하신 주님께 감사드리지 않을 수 없습니다.

저도 단강교회의 한 교우가 되고 싶다는 생각을 해봅니다. 그래서 저의 조그만 성의를 받아주셨으면 합니다. 주일예배 후에 모든 교우님과 커피라도 한 잔씩 같이 나누고 싶었습니다.

주일학교 어린이들 간식이라도 한번 담당하고 싶었습니다. 우리 아이들도 짧은 예배라도 예배 시간에 따분해서 설교를 하나도 안 듣고 떠들고 장난쳐도 예배 후딱 마치고 먹고 노는 데는 신을 냅니다.

혹시 가끔씩이라도 단강의 그 〈애기마을〉 주보를 이곳 먼 호주에 사는 저도 받아볼 수 있을까요?

목사님과 사모님, 소리, 규민이, 단강교회에 속한 교우님께 하나님의 크신 은혜와 사랑이 항상 함께하기를 기도드립니다.

다시, 함유경에게

오스트레일리아, 함유경

전혀 낯선 곳, 낯선 이에게서 온 소포를 혹 잘못 배달된 것 아닌가 거듭 수신자 이름을 확인하며 받았다. 커다란 상자였다. 분명히 수신자란에 '단강교회 한희철'이라 쓰여 있다. 누굴까. 아무리 생각해보아도 짚이는 구석이 없었다.

조심스럽게 상자를 열었을 때, 상자 안에는 커피와 프림, 초콜릿 등 다과가 하나 가득 담겨 있었다. 그러나 어디에도 사연은 없었다.

궁금증은 다음 날 풀렸다. 항공우편으로 온 편지에 전날 받아든 소포에 대한 사연이 담겨 있었다. 머나먼 이국땅에서 시골로 부쳐온 쉽지 않은 정. 예배드리고 둥그렇게 둘러앉아 다과회를 갖는 자리엔 낯설고 의아한, 그러나 무엇보다 따뜻한 감동이 흐르고 있었다.

이런 만남도 있는 거구나. 우리는 이렇게 널리 서로 든든하게 바라보고 있구나. 뭔가 둑 하나가 터지며 세상이 확 넓어지는 것 같았다.

고향, 뿌리에 대한 눈물겨운 사랑. 보낸 이의 정성이 우리 옆자리에 친근함으로 함께 자리하며 더 드시라 시중들고 있었다.

얼마 후 또 하나의 소포가 날아왔다. 깨지지 않게 정성껏 포장된 소포 상자 안에는 작은 병들이 여러 개 담겨 있었다. 할머니, 할아버지가 허리 아플 때 드시면 좋다는 약이었다. 약이라기보다는 건강식품에 가까워 누가 먹어도 부작용이 없다는 설명이 같이 들어 있었다.

나이 많고 몸이 약하신, 그중 홀로 사는 분들을 먼저 찾아 약을 전해드렸다. 약에 얽힌 사연과 드시는 방법을 설명해드리는 마음이 여간 흐뭇하지 않았다.

"이렇게 고마울 데가…" 모두 말끝을 흐렸다.

땅거미 깔리는 어둘 녘, 윗작실 맨 끄트머리 이한주 할아버지를 찾았을 때 막 일을 마치고 돌아온 할아버지는 우물가에서 손을 씻고 계셨다. 인사를 받고 지팡이를 짚고 일어선 할아버지는 또 하나의 지팡이를 찾으셨다. 결국 지팡이 두 개를 한 손에 하나씩 짚고서야 할아버지는 마당으로 내려설 수가 있었다.

약의 출처와 효용과 드시는 방법 등을 차분하게 설명해드렸다.

받아든 약병을 가만히 쳐다보던 할아버지는 "으트케 먹는 건지 기억해둬" 하며 약병을 할머니께 건네셨다.

인사를 드리고 대문을 나설 때 대문까지 따라나오신 할아버지와 할머닌 문간에 서서 한목소리로 인사하셨다. "고마워유…."

저 마른 목소리에 담긴 질퍽한 울림이 먼 나라에서 고향을 보듬어 안으려는 그 품속까지 이어지기를. 어둠 속 내내 빌며 내려왔다. 밤벌레 소리가 별빛과 마주쳐 천지가 맑은 밤이었다.

94.5.2.
수원에서 진희 엄마

안녕하세요.

저는 전도사님의 〈애기마을〉 글을 읽고 태어나 처음으로 저의 고향 단강이 제일로 아름답다는 사실을 깨달은 사람입니다.

저는 단정동에서 태어났고, 단강 사람과 결혼해서 진희, 차희 딸 둘을 두었답니다.

우연히 운전학원에서 알게 된 교회 성도로부터 강원도 단강의 〈애기마을〉을 소개받았어요.

너무 감개무량하고 너무도 가슴 벅찬 일이었어요.

한때는 고향에서 먹고살기가 막막하고 가난이 지겨워서 도시에서 살고 싶다는 생각만 했는데, 막상 도시에서 살아보니 그렇게 힘이 들고 어려울 수가 없어요. 탁한 공기, 소음. 시골이 얼마나 살기 좋은가를 깨달았어요.

〈애기마을〉의 내용은 정말 아름다운 것 같아요. 그 글을 읽고 제 고

향에 애착이 가서 잠이 들 수가 없었어요. 펜을 들어 생각하고 생각하니, 단강리가 얼마나 인심 좋고 따뜻한 고향이었는가를 새삼 깨닫게 되었답니다.

저는 옆집 아주머니의 전도로 수원에서 2년 동안 가방만 들고 교회에 왔다갔다 했답니다. 전도한 사람 체면만 생각하고 나가다 보니 제게 돌아오는 것은 아무것도 없었지요. 이제부터라도 하나님께 저의 모든 마음을 드리고 매달리겠어요.

전도사님,

시골에 계시는 모든 분께 복음이 전파되길 바랍니다. 새로 지은 교회에 넘치는 축복이 있기를 바랍니다. 저 또한 멀리 수원에서 기도할겠습니다.

또한 힘드시겠지만 시골 우리 마을을 지금처럼 아름다운 동네로 소개해주세요. 전도사님의 글을 읽어보니, 길도 좋아지고 전기도 들어오고, 요즘은 타지에서 이사 오시는 분들도 계시더군요. 옛날처럼 정이 넘치고 인심 좋은 고향이 되었으면 합니다.

그리고 작실 광철 씨가 누군지, 고향을 떠난 지가 오래되어서 생각이 나질 않는군요. 여기서 시골을 원하는 아가씨가 있으면 소개도 할게요. 사진도 부탁합니다.

다시, 진희 엄마에게

신문과 함께 배달된 몇 개 우편물 속에 누군지 알지 못하는 이에게서 온 편지가 있었다. 단강이 고향인 이가 우연히 고향 소식을 접하고 보내온 편지였다. 단강을 떠나 살다가 생각지 못한 이를 통해 고향 이야기를 듣게 되었으니 그 마음이 남달랐으리라. 글로 고향의 아름다움과 소중함을 새롭게 깨닫게 됐다는 말에 공감이 되었다.

생각지 못한 곳에서 낯선 이가 보낸 편지는 나에게도 자극이 되었다. 펜을 내려놓을까 망설이던 참이었다. 함께 사는 이웃의 고단하고 아픈 삶을 가벼운 이야깃거리로 만드는 것 아닌가 하는 생각에 당분간 놓으려 했던 펜이다.

누군가 단강 이야기를 고향 이야기로 듣는 이가 있다면, 애틋한 마음으로 듣는다면, 이야기를 이어갈 충분한 이유가 되지 않을까 싶었다.

뾰족한 바늘 끝으로 온통 옷에 달라붙는 도깨비바늘은 국화과科 식물, 대나무는 벼과 식물, 그 사실을 떠올리며 시인 황동규는 "대나무도 벼과지"라는 시에서 이렇게 노래했다.

생김새 고향 달라도

우리는 얼마나 같은가!

얼마나 다르지 않은가!

마음속에 감춘 냄새까지도

결국 같은 뿌리를 가지고 살아가는 우리, 변변치 않은 삶에 아프고 답답한 고만고만한 이야기들, 그래도 그냥 쓰기로 한다.

95. 11.

문종수

단강, 인우재에서

윗작실, 아랫작실

옹기종기 단강마을

섬강 물, 잠시

숨 돌리느라

백사장 서너 뺨

남겨놓은 곳

외할머니 속적삼

냄새 같은, 동산에

안개비 살짝 드리우니

까투리 부르는

윗작실, 아랫작실
옹기종기 단강마을
섬강 물, 잠시 숨 돌리느라
백사장 서너 뺨
남겨놓은 곳

장끼의 조바심이
고요를 깨뜨는 곳

도랑을 휘젓던
올챙이 서너 마리
내 그림자에 놀라
화들짝 숨고
햇송아지 응석 소리
돌담길에 맴도는 곳

흙냄새 풋풋한 토방에
호롱불 심지 돋우면
이름 모를 산새
외마디 울음 울고
별 한 옴큼 쏟아져 내리는
인우재 앞뜰

다시, 문 장로님에게

문 장로님을 처음으로 뵌 것은 단강교회 기공예배를 드리던 날이었다. 바쁜데도 참석하셔서 예배에 참석한 부론면 기관장들에게 일일이 인사를 하셨다. 대수롭지 않게 명함을 받아든 이들이 거기 적힌 직함을 보고 깜짝 놀라던 모습이 지금도 새롭다.

언젠가 문 장로님 내외분과 민영진 교수님 내외분이 단강을 찾은 적이 있다. 어떻게 알게 되었을까, 우체국 집배원으로 일하는 작실마을의 이운근 씨가 당신 집에서 식사를 대접하고 싶다고 했다.

"목사님이 우리 마을에 와주신 것이 고마워서 언제라도 한번 대접하고 싶었어요."

교인도 아닌 분이 목사와 함께 손님까지 대접하시겠다는 것이 궁금하여 여쭸을 때 조금은 쑥스럽게 대답하였다.

그날 이운근 씨는 집에서 기르는 기러기를 잡았고, 우리는 세상에 태어나 처음으로 기러기 고기를 맛볼 수가 있었다. 장로님 내외분과 교수님 내외분도 마을 사람이 전하는 그 정성에 감동하여 달게 음식을 드셨다.

문종수 장로님은 내가 좋아하고 존경하는 분이다. 장로님을 생각하면 괜히 기분이 좋아지고 든든해진다.

먼저, 사랑하는 아내를 위해 시를 쓰고 시집을 내는 모습이 인상적이었다. 한 사람을 지극한 마음으로 사랑한다는 것이 얼마나 아름답고 향기로운 일인지 장로님 내외분을 보면서 생각한다.

교회를 사랑하는 모습도 남다르다. 지금 문 장로님은 강원도 속초에 있는 물치 감리교회에 출석하신다. 서울 용두동교회 선임장로이면서도 내가 물러서야 젊은 사람들이 일한다며 작은 교회에서 신앙생활을 하신다. 청년부를 맡았는데, 거의 두 배나 부흥했다고 좋아하셨다. 두 명이던 회원이 세 명으로 늘었다면서.

인생을 사랑하는 모습도 마찬가지다. 가진 재산은 다 어려운 곳에 나누셨고, 두 분의 시신조차도 연구용으로 기증하셨으니 어찌 그리 홀가분할 수가 있을까 싶다.

언젠가 단강을 다녀가신 뒤 장로님이 시 한 수를 적어 보내셨다. 그 시를 인우재 책상머리에 붙여놓고 책상에 앉을 때마다 읽곤 했다.

참 고마운 분이 내게 힘내라 전하시는 응원으로.

90.1.15.
송진규

　1988년 여름, 어느 더운 날에 대성 인쇄소에서 〈애기마을〉을 처음 보았습니다. 화려하고 고급스러운 주보는 여러 번 보았습니다. 그런데 〈애기마을〉은 너무 초라했습니다.

　정말 '초라한 주보'였습니다.

　그 초라한 주보, 〈애기마을〉과의 인연으로 제가 이 자리에 축하의 말씀을 드리려고 섰습니다.

　참 많은 시간을 망설였습니다. 부끄럽고 외람되고 죄송스러운 느낌 때문에 축하의 말씀을 드리는 것이 도리어 이 좋은 자리를 망가뜨리지나 않을지 염려됩니다.

　선생이란 직업엔 가식과 위선과 겉치레에 능수능란하지 않고서는 단 하루도 지탱할 수 없는 속성이 있습니다.

　가장 올바른 체, 가장 많이 아는 체, 가장 떳떳한 체 해야만 하는 직

업입니다. 항상 부끄러움을 감추고 추한 모습을 드러내지 않도록 탈을 쓰고 살아야 하는 직업입니다. 그것을 감추고 이 자리에 서는 게 퍽 송구스러운 일 같았습니다.

그래도 여기 선 것은 한 전도사님의 〈애기마을〉이 제게 준 기쁨과 사랑과 순수함 때문입니다.

처음 제가 본 〈애기마을〉엔 이런 얘기가 실려 있었습니다.

그래요. 비수 하나씩은 품고 삽시다

시퍼런 날을 남몰래 갈고 갈으며

뚝뚝 눈물 떨궈 갈고 갈으며

가슴속 깊이 비수 하나씩은 품고 삽시다

여린 것들을 사랑하기 위해

단 한 번 쓰러짐을 위해

든든한 물러섬을 위해

여린 것들을 사랑하다 든든히 물러서기 위해 비수를 품고 살자는 말이 가슴을 찔렀습니다. 우리 삶에서 사랑과 인내의 비수를 품어야 하는 현실은 얼마나 많습니까.

〈애기마을〉은 삶의 큰 기쁨이었습니다. 가식과 위선으로 가득찬 제 생활에 신선한 자극을 주었습니다. 저에게 아픈 깨우침과 참사랑의 깊이를 알려주었습니다. 단강의 소박하고 깨끗한 이웃들을 알게 된 것도 큰 기쁨이었습니다. 성스럽고 소중한 하나님의 사랑을 저만큼의 거리로 나와 알게 해준 것도 큰 기쁨이었습니다.

더 많은 이웃이 참사랑과 삶의 의미를 깨닫도록, 더 많은 이웃이 순수와 정성의 소중함을 되새기도록 〈애기마을〉의 영원하기를 간절히 기원합니다.

> 내가 선 이곳은, 항상 사람과 평화와 소망의 땅이어야 합니다.
> 내가 선 이곳은, 떳떳한 삶의 근거지이며 존재의 확인이어야 합니다.
> 내가 선 이곳은, 변함없는 기도와 사랑으로 가득한 곳이어야 합니다.

좋은 자리 마련해주신 하나님과 한 전도사님과 단강의 고마운 이웃에게 머리 숙여 감사드립니다.

외람된 자가 드리는 말씀의 허울을 덮어주실 줄 믿으며 우리가 사는 이 땅에 늘 하나님의 사랑이 가득 채워지기를 바랍니다.

다시, 송 선생님에게

"참 여러 날 근심하고 망설이고 여러모로 재보았으나 결국 그 자리에 설 용기가 없었습니다."

불참의 변을 선생님은 그렇게 밝히셨다.

단강마을 이야기가 한 권의 책으로 묶여 나오고, 가까이 지내는 이들이 마련한 조촐한 축하의 자리였다. 축하의 말씀을 하시기로 했으나 선생님 성품으로 보아 아무래도 그 자린 선생님께 어려웠던 것 같다.

언젠가 들은 선생님의 이야기가 그분의 마음을 잘 나타내고 있다고 생각한다. 선생님은 담배를 좋아했는데 행여나 담배 연기가 십자가에 닿을까 어디라도 십자가가 있는 곳에서는 담배를 피우지 않았다는 것이다. 살피고 삼가는 마음으로 피하신 자리, 선생님의 그 조심스러운 마음도 고마움으로 와닿았다.

송진규 선생님은 내게 진정한 선생님으로 남아 있다. 강원도에서 태어나 강원도의 아이들을 가르치며 강원도를 지키신 분이다. 그렇다고 편협한 지역 이기주의자로 사셨다는 말은 결코 아니다. 내가 선 이곳을 진정으로 사랑하셨던 분이었다.

평생 육민관고등학교를 지키며 국어를 가르치신 선생님은 우리 것을 소중히 여기는 마음이 남다르셨다. 우리 소리가 사라져가는 것을 안타깝게 여겨 시간이 되는 대로 우리 민요를 찾아나섰고, 마침내 그 모든 노력이 《강원도 민요집-한의 소리, 삶의 노래》라는 한 권의 책으로 묶이게 되었다.

민요를 채록하는 것은 땅의 사람들을 만나는 일이어서 함부로 마이크를 들이댄다고 가능한 일이 아니다. 땅을 일구며 살아가는 사람들의 땀과 눈물과 애환을 모르면 담아낼 수 없다. 그 마음으로 걸어오신 교사의 길이라는 걸 아니까 더욱 선생님을 신뢰하고 존경할 수밖에 없다.

또 한 가지 인상적으로 남아 있는 모습이 있는데, 선생님은 퇴임식을 음악회로 대신하셨다. 평생 한 학교에서 교사의 길을 걷다가 교장 선생님으로 은퇴하는 일도 드문데, 거창하거나 뻔한 은퇴식 대신 좋아하는 사람들과 제자들을 초청하여 '이등병의 음악 편지'라는 음악회를 여셨다.

음악회를 알리는 초대장은 만년필로 쓴 선생님의 글씨로 채워졌다. 초대장에는 간곡한 당부가 들어 있었다. 그동안 베풀어주신 사랑이 고마워 밥 한 끼 대접하는 자리이니 봉투나 화환 없이 꼭 '빈 손'으로 와 달라는 청이었다. 그 또한 선생님다운 초대였다.

돌아서는 뒷모습이 그분의 진짜 모습이라 생각한 나는 참으로 오랜만에 퇴임식을 대신한 음악회 뒤편에 앉아, 더없이 홀가분한 모습으로 떠나는 뒷모습이 아름다운 한 사람을 바라보는 즐거움을 누렸다.

92.6.

신명숙

한희철 목사님께

흡사 송화 가루같이 노오랗게 떨어져 뒹구는 아카시아 꽃들에는 아랑곳하지 않고, 자신의 잎을 진하게 진하게 녹색으로 물들이는 은행나무들을 보는 계절입니다. 푹푹 찌는 듯한 더위에 숨 막히는 회색빛 도시보다는 따가울 정도로 내리쬐는 햇볕이 있는 시골이 그리운 때이기도 합니다.

저는 감히 이렇게 말하고 싶습니다. 천국은 땅을 사랑하는 사람들의 것이라고. 씨를 뿌리고, 정성껏 가꾸지만 궁극적으로는 하늘을 바라는 농부들의 마음이 가장 종교적인 것이 아닐까 생각해봅니다. 교리, 성경, 말씀, 전통이 모든 것에 앞서서 온몸으로 신을 받아들이는 그들의 모습 속에서 살아 있는 말씀을 듣습니다. 백 마디 말로 시인하는 것보다 더욱 값진 삶에서의 긍정이 있는 까닭입니다. 싹을 틔우고 자라게 해주는 높으신 분이 그들에게 이미 감히 자리 잡고 있음을 부인할 수

저는 감히
이렇게 말하고 싶습니다.
천국은 땅을 사랑하는
사람들의 것이라고.

가 없는 까닭입니다.

목사님께 박수를 보내드립니다. 이제 4학년이 되어 생각해보니 성직자의 길을 걷는다는 것이 얼마나 힘겹고, 놀라운 결단이 필요한 것인가를 피부로 받아들입니다. 더구나 열악한 조건에서 목회한다는 것이 얼마나 많은 '자기 부인'을 담보로 하는가를 절감하게 되었습니다. 그렇기에 목사님 같은 분이 소중한 선배로 자리 잡을 수 있었나 봅니다. 교수님께서 예배 때 설교를 하셨는데, 그중 기억에 남는 말이 있습니다. 아니, 기억난다기보다는 보잘것없는 나의 어깨를 짓누르는 말이었습니다.

엘리야가 과부와 과부의 아들을 살리고서 하나님의 사람으로 인정받았던 것처럼, 우리도 곳곳에서 죽어가는 것들을 살려야 한다는 말씀이었는데, 오늘따라 이 말씀이 유난히 짐처럼 느껴지는 까닭을 모르겠습니다.

과연 누가 누구를 살린단 말인가?

누가 무엇을?

그러나 마음을 다시금 다잡아봅니다. 절망 속에서 빛나는 희망의 빛을 잡자고.

흙 내음을 그윽이 싣고 온 〈애기마을〉을 읽으면 왜 그리 눈물샘이 자극되는지요.

신학생을 만나는 마음은 언제라도 각별하다. 하나님나라의 내일이, 교회의 미래가 그들의 마음속에 있기 때문이다. 그들이 어떤 마음을 먹느냐에 따라 참으로 소중한 것들이 달라질 수 있으니, 그들이야말로 씨앗을 품은 사람들이 아닐까.

단강을 찾는 손님은 늘 많았다. 단강을 찾아오는 이들 가운데 신학생도 있었다. 우연히 책을 읽고서 편지를 보내거나 불쑥 찾아오는 학생이 있었다. 어떤 학생은 자전거를 타고서 먼 길을 찾아오기도 했다.

단강은 교통이 불편하여 대개는 단강에서 잠을 자고 나가야 한다. 그럴 때면 많은 이야기를 나누게 된다. 학생들은 책에서 만난 단강을 둘러보기를 원했고, 책 속의 사람들을 만나보기 원했으며, 자신이 꿈꾸는 목회와 신앙 고민 등에 대해 이야기하기를 원했다.

신학생을 만나 이야기를 나눌 때마다 그들에게 했던 이야기가 있다. 그들의 가장 큰 고민은 일할 곳이 없다는 것이었다. 어렵게 신학 공부를 마쳐도 마땅히 목회할 기회와 자리가 허락되지 않는다는 것이다.

참으로 딱한 일이 아닐 수가 없다. 뜨거운 사명감으로 신학교를 찾았을 터, 그런데 가장 먼저 그들의 앞을 가로막는 것은 현실의 벽이다.

그나마 아버지가 목회하는 이들은 욕을 먹더라도 아버지의 교회를 물려받을 기회라도 있는데, 그렇지 못한 이들에게는 아무런 기회도 주어지지 않는다. 정말로 극복하기 어려운 벽이 아닐 수가 없다.

그 마음이 얼마나 답답하고 힘이 들까, 현실의 벽과 그 앞에서 느끼는 좌절감을 아주 모르지 않으면서도 그럴수록 그들에게 했던 말은, 정말로 부족한 것은 자리가 아니라 사람이라는 말이었다. 제대로 된 사람이 되면 이 땅 그 어디라도 일할 자리 없겠느냐고. 배부르고 무심하게 들릴 수 있는 말을 하고는 했다.

변방을 중심으로 만드는 것, 가장자리를 중심으로 만드는 것이 하나님의 사람에게 요청되는 삶일 터이니 중심이 아니라 가장자리로 가고, 일부러 변두리로 나아가 그곳을 중심으로 만드는 일에 나 자신을 드리라 했다.

어찌 그것이 신학생에게만 한 말일까, 때마다 나에게 이르는 말이기도 하다.

96.8.
청년 윤지영

단강마을의 한희철 목사님께

샬롬, 하나님의 평안으로 인사드립니다.

저는 얼마 전 농활 수련회로 단강에 갔던 서울 제일교회 청년 지영이라고 해요. 3박 4일간 날마다 좋은 말씀으로 함께해주신 목사님의 귀한 마음에 감사드리는 마음으로 펜을 들었습니다.

목사님, 단강마을은 참으로 아름다웠습니다. 여름 산과 들은 각기 다른 초록으로 어우러지고, 맑게 흐르는 강물은 부서지는 햇살을, 하나님의 손길을 담고 있었습니다. 그곳에서 저는 하나님이 지어주신 참 아름다운 자연과 하나가 되어 주님의 놀라운 솜씨를 찬양할 수 있었답니다. 또 하나 더 단강마을이 아름답다고 고백할 수밖에 없는 이유는, 그곳에서 농사일을 거들면서 땀방울을 흘리며 우리와 한 지체인 농부님을 조금이나마 이해할 수 있었기 때문입니다. 더불어 하나님의 마음을 품을 수 있었습니다.

고추를 따다가 잘못 꺾인 가지에
마음이 아파오는 것을 느끼며
이것이 바로 하나님의 마음이라는 것을,
이것이 바로 내 안에 함께하시는
하나님의 임재란 것을 느꼈답니다.

그런데 사실은요, 처음 청년회에서 농활 수련회를 계획하고 있다는 소식을 듣고서 고생할 생각을 하며 얼마나 걱정스러운 마음이 들었는지 모릅니다. 하지만 힘들게 콩밭의 잡초를 뽑을 땐 좋으신 하나님께서 저의 그런 생각을 바꿔주시더군요. 농사일을 하는 시간 때문에 청년회 자체 프로그램을 거의 진행하지 못했는데, 하나님께서 특별히 우리를 위해 준비하신 프로그램이 바로 이 농사일이라는 사실을 깨달았습니다. 힘겹게 고추밭에서 고추도 따고 콩밭에서 잡초도 뽑으며 햇살놀이방도 정성껏 꾸몄어요. 그러면서 나의 두 손을 통해 일하시는 하나님의 손길을 느꼈어요.

그리고 빨간색으로 익은 예쁜 고추를 보며 기뻐했고, 고추를 따다가 잘못 꺾인 가지에 마음이 아파오는 것을 느끼며 이것이 바로 하나님의 마음이라는 것을, 이것이 바로 내 안에 함께하시는 하나님의 임재란 것을 느꼈답니다. 살아 계셔서 내 안에 일하시는 하나님을 체험하고 주님의 아름다운 자연 속에서 농부님의 마음을 흐르는 땀방울로 이해할 수 있어서 참 좋았습니다.

저녁이 되어 고된 일을 마치고 몸은 지쳤지만 마음은 절대 지칠 수 없었지요. 목사님이 들려주시는 우리에게 새 힘이 되는 주님의 말씀을 기대할 수 있었기 때문이에요. 청년에게 젊음이 얼마나 주님 안에서 귀하고 빛나는 것인지를, 그리고 자기 십자가를 통해 소중한 이때를 주님 안에서 누리기를 바란다고 큰 소리로 전한 그 말씀은 저희 마음밭에 귀하게 심겼습니다.

언제 기회가 되면 다시 찾아뵙고 싶습니다. 이번 수련회로 끝내지 않고 목사님과의 만남을 계속 이어가길 간절히 소원합니다. 목사님의 아름다운 모습과 아름다운 교회와 아름다운 단강마을을 언제까지나 잊을 수 없을 거예요.

교회 구석구석에 붙어 있던 목사님의 시를 읽으면서 그런 생각을 했습니다. 아름다운 단강마을에서 마을 사람들을 돌아보고 말씀으로 먹이며 시를 통해 주의 성품을 찬양하는 목사님이 꼬옥 젊은 청년 다윗 같다는 생각을요.

목사님의 그 뜨거운 열정과 젊음이 주님 안에서 더더욱 빛나고 순결하고 영원하기를 축복합니다. 저희 청년들과 좋은 소식으로 이어지길, 우리 사귐이 깊어지길 바라며 이만 글을 줄입니다. 목사님, 하나님은 승리의 하나님이십니다.

다시, 윤지영에게

 단강에서 목회하는 동안 고마운 손길들이 참 많았다. 외지다면 외지고 외롭다면 외로운 삶, 그런데 때마다 고마운 손길이 함께했다.
 〈얘기마을〉 100호를 맞아 자축하는 마음으로 쓴 동화 "내가 선 이곳은"에서 나는 높다란 절벽 한가운데에 위태하게 선 소나무의 입을 빌어 이렇게 말한 적이 있다.

 물 찾기가 어려웠습니다.

 적은 물을 마시고도 오래 견디는 법을 배워야 했습니다.

 나이에 비해 내 키가 작은 것은 그 때문일 겁니다.

 비바람 또한 어려웠습니다.

 조그마한 날 얕잡아보았는지, 벼랑에 불쑥 혼자 뿌리박고 있는 내가

 어울리지 않았다 싶었던지, 비바람은 거세게 휘몰아쳐 나를 때려대

 곤 했습니다.

 나 혼자라면 벌써 뿌리가 뽑혔을 겁니다.

 다행히도 그럴 때면 바위가 나를 꼭 붙잡아주었습니다.

고마운 손길 가운데 빠뜨릴 수 없는 것이 연세대 매지리 캠퍼스의 재활의학과 학생들이다. 한 번 단강을 찾은 뒤로는 한 해도 거르지 않고 해마다 봉사활동을 왔다. 봄, 여름, 가을… 그들의 봉사는 한결같았다. 마음에서 우러나온 봉사여서 분명히 행사 이상의 의미가 있었다.

예배당 안엔 물리 치료실이 차려지고, 남은 학생들은 논밭으로 나가 흙투성이가 되도록 땀에 절어 일했다. 단강마을을 함께 사랑하는 젊은 이들이 있다는 것은 얼마나 든든하고 마음 따사로운 일이었는지.

그렇게 단강을 찾는 이들 중에는 도시교회 청년들도 있었다. 사실 잠깐 다녀가는 일은 큰 도움이 되지 않을 때도 있고, 오히려 뒷감당하기가 번거롭게 여겨질 때가 있다. 마을과 교회에 후유증을 남기기도 한다. 재래식 화장실에 들어갈 때 무슨 가스실에 들어가는 것처럼 얼굴을 찡그리고 들어가는 모습을 보면 마음에 걸리곤 한다. 그래도 도시교회에서 봉사 요청이 오면 거의 거절하지 않고 받아들였던 이유는 기회를 주고 싶어서였다. 머릿속의 신앙을 몸으로 표현할 기회 말이다.

그런 중에 "고추를 따다가 잘못 꺾인 가지에 마음이 아파오는 것을 느끼며 이것이 바로 하나님의 마음이라는 것을, 이것이 바로 내 안에 함께하시는 하나님의 임재란 것을 느꼈답니다"라고 고백하는 편지를 받으니 얼마나 반갑던지.

변한기

한 목사님께

아주 오래된 우리 이야기가 듬뿍 담긴 편지들을 읽으며 지난날의 감흥과 우정을 새삼스럽게 확인했습니다. 그동안 미루고 있었던 옛 서류들을 정리하는 일을 하다가 목사님의 편지들과 빌립보 교회를 처음 다녀가신 후의 글들을 찾았습니다.

전혀 생각지 못했던 편지와 글을 다시 읽으면서 아주 감동적이고 행복한 시간을 보냈습니다. 그동안 평안하셨기를 바랍니다.

저는 이틀 전에, 전립선 항암 시술을 받고 집에서 쉬고 있습니다. 지난해 말 정기 검진에서 혈액검사로 전립선암 초기라는 사실을 발견하고 확인 검사와 적합한 치료 방법을 선택하기 위한 준비를 거쳐 항암 시술을 잘 받았습니다.

처음 진단을 받고는 "아, 나에게도 암이 발병할 수 있구나" 하는 생각이 먼저 들었습니다. 하지만 시간이 지나면서 이 병이 아주 흔한 질

졸지에 암 환자가 되어 좋은 치료를 받고 나니
질병 이야기만 적었군요.
사실 이런 이야기를 가족 이외에는 하지 않았는데
목사님께만 알린 셈입니다.

병이라는 사실을 알았습니다. 다행히 초기에 발견되어 치유가 가능했습니다. 또 치료 방법을 찾는 데 시간이 걸리긴 했지만 좋은 치료 방법이 있다는 사실을 알고 나서는 편안하게 지낼 수 있었습니다.

졸지에 암 환자가 되어 좋은 치료를 받고 나니 질병 이야기만 적었군요. 사실 이런 이야기를 가족 이외에는 하지 않았는데 목사님께만 알린 셈입니다.

요즘 한 목사님을 생각하며 기도하려 하면 건강에 대한 생각을 가장 먼저 떠올립니다. 아마도 내가 앓아봐야 다른 사람들의 건강에도 관심을 갖게 되나 봅니다.

기회가 되면 고국을 방문하여 두 분과 우정을 나누고 싶습니다. 은퇴하고 나니 목사님을 만나 이야기를 나누고 싶은 이유 이외에는 고국을 방문할 또 다른 이유가 없는 것 같습니다. 늘 평강하시고 복된 나날이 되시기를 기도합니다.

다시, 변 목사님에게

하루에 한 번씩 집배원 아저씨가 다녀간다. 한낮 오토바이가 예배당 마당에 와서 서면 대개는 집배원 아저씨다.

어느 날 배달된 우편물 가운데 미국에서 온 엽서 한 장이 있었다. 보낸 이의 이름도 주소도 낯선, 알 수 없는 곳에서 보낸 엽서였다.

알 수 없는 것은 내용도 마찬가지였다. 1년 뒤 그가 섬기고 있는 교회에서 '신앙 각성 모임'이라는 말씀 잔치를 여는데, 강사로 와달라는 내용이었다.

엽서를 읽고는 웃음이 나왔다.

무엇보다도 이만한 내용을 엽서 한 장으로 대신하는 것이 믿기지 않았다. 불쑥 어느 이단 종파에서 외국 여행을 미끼로 시골 목회자에게 접근하는 것 아닌가 하는 의구심마저 들었다.

한동안 답장도 하지 않은 채 시간을 보냈는데, 문득 너무 내 생각만 한 것은 아닐까 싶은 마음이 들었다. 엽서를 찾아 답장을 썼고, 이내 장문의 편지가 왔다. 편지엔 모든 일을 자기 식대로 하여 미안하다는 인사와 그와 그가 다니는 교회, 신앙 각성 모임 등을 소개하는 자세한 내용이 담겨 있었다. 그렇게 만나게 된 분이 변한기 목사님이다.

교파도 다르고(변 목사님은 미국 남침례교 목사님이다), 나이도 다르고(2년 전에 은퇴를 하셨으니) 목회하는 곳도 다르다(단강과 미국 오클랜드, 천양지차다). 그런데도 우연히 만나 그 많은 다름을 충분히 덮고도 남을 좋은 교분을 쌓았으니, 우리 인생에 허락하시는 주님의 은총이 신비할 따름이다.

어느 날 목사님이 서점에 들러 책을 고르는데 한 책 제목이 눈에 띄었단다. 《하나님은 머슴도 안 살아봤나?》라는 책이었다. 뭔가 마음에 끌리는 것이 있어 책을 샀고, 책을 다 읽으시고는 엽서를 보내신 것이었다. 나중에 목사님을 뵙고 나니 몇 가지 공통점이 있었다. 사람과 이야기를 좋아한다는 점이었다.

마침 단강에서 목회를 시작한 지 7년째 되는 해 아내와 함께 미국에 다녀올 기회가 생겼다. 예배 시간에 변한기 목사님은 나를 '좋은 친구'라고 소개하셨다. 나이도 한참 위이신 분이 항상 존칭어를 쓰시고, 모든 면에서 나와 아득해 보이는 삶을 살면서도 이 어리고 부족한 사람을 '친구'라고 하셨다. 든든한 애정과 격려, 너무 외롭지 말라는 따뜻한 위로가 무엇보다 고마웠다. 그 순간 나는 마음 부자가 되었다. 삶이 이렇게도 단순할 수 있다는 사실을 느끼며 마음이 한 뼘쯤은 자라는 것 같기도 했다.

빌립보 교회는 선교에 집중하고자 다른 비용을 절감한다. 예배도 창고를 임대하여 접이 의자를 놓고 드린다. 크리스털 교회를 비롯하여 미국 내 크고 화려한 교회를 여럿 들렀지만 빌립보 교회만큼 은혜롭진 못하였다.

미국을 다녀오면서 가장 인상 깊게 남은 것은 목사님 내외분의 우정이었다. 두 분은 세상에서 가장 좋은 친구처럼 지내고 계셨다. 충분한 신뢰와 존중과 배려, 무엇 하나 어색함 없어 두 분 주변엔 따뜻함과 평온함이 머물렀다. 마음을 다해 닮고 싶은 모습이었다.

안식년을 맞아 한국을 방문한 목사님이 단강을 찾으신 적이 있다. 그날 저녁, 이필로 권사님께 아욱죽을 부탁했다. 귀한 손님에게 어찌 죽을 대접하느냐며 권사님은 주저했지만 오히려 그것이 가장 귀한 대접이 될 것 같았다. 그만큼 목사님을 알게 되었기 때문이다.

저녁을 먹고 캄캄한 밤길을 걸어 교회로 내려올 때였다. 어디서 날아온 것일까, 뜻밖에도 반딧불 무리가 나타나 춤을 췄다. 황홀한 빛의 군무였다.

다녀가신 후 보내신 편지에 그날 먹은 저녁을 영혼의 아욱죽이라 하신 목사님께, 그날 나타난 빛의 군무는 모처럼 고향을 찾은 목사님께 보내는 하늘의 환한 박수였을 거라 답장을 드렸다.

뵙고 싶다, 형님 같은 변 목사님.

부록에 약장수가 들어와
매일저녁 동네마다
차량운행을 합니다.
구경삼아
다녀오는 것은 좋으나,
잘못된 이야기에
현혹될까
염려스럽기도 합니다.

뒤뜰

뒷모습이
아름다운
사람

한 종 호
〈기독교 사상〉 편집주간

푸르름이 무르익은 가을 오후의 하늘은 눈이 부시도록 파랬다. 왠지 어제보다 더 푸르른 것 같은 하늘에 눈가가 젖어든다. 햇살은 따가웠지만 이따금 부는 바람은 시원하고 상쾌했다. 단강으로 가는 길 양옆에는 한 폭의 풍경화가 펼쳐진다. 저녁노을에 황금빛으로 빛나는 강여울을 만날 수 있고 금방이라도 쏟아져내릴 것 같은 별빛을 맞이할 수 있는 곳. 햇살을 따라 비스듬히 누운 벼들의 평화로움과 함께 차창 밖으로 잊혀 가는 소똥 냄새가 흩어진다.

열다섯 해 전, 어스름한 저녁에 한 낯선 젊은이가 남한강이 내려다보이는 단강의 기슭을 찾아왔다. 그리고 그이는 자신의 신앙과 삶의 거처를 그 버려진 땅, 황무지 위에 틀었다. 젊은이의 손이 닿은 단강은 그렇게 사람들의 ‘아름다운 이야기’로 변하기 시작했다.

　“단강에 오게 된 날은 3월 25일, 봄날이라고 하지만 그날은 진눈깨비가 강하게 내렸습니다. 어딘지도 모르는 단강을 원주에서 선배 목사님 차를 타고 들어오면서 마을이 하나 나타날 때마다 내가 가는 단강 마을이 이 정도면 좋겠다. 이 정도만 되어도 내가 외롭지 않게 목회하겠다. 그런 생각을 여러 차례 하곤 했습니다. 그러다가 물론, 지금이야 이 정도지만 그때는 비포장이었지요, 비포장길을 터덜거리면서 먼지를 내고 차가 달리기 시작했고 그렇게 도착한 곳이 단강이었습니다.”

　두 평이나 되었을까? 사랑방에서 창립을 축하하기 위해 오신 분들이 다 들어갈 수 없어 방바닥에 둘러서서 예배드린 기억이 빛바랜 흑백사진처럼 그이의 마음속에 남아 있다. 그이는 그날 순서에도 없었던 담임자 인사를 하면서 “우리가 선 이 땅을 우리의 후손들은 거룩한 땅이라고 부를 것”이라고 운을 띠었다고 한다.

　“교만한 생각인지 모르지만 사실 아무것도 없다고 생각했습니다. 그러나 이렇게 일을 시작하신 분이 하나님이시니 하나님이 이끄시는 대로 지내다 보면 우리가 처음 예배드리는 그곳, 그 조그만 예배당에 들어갈 수 없어 찬바람을 맞아가며 둥그렇게 둘러서서 예배드리는 이 땅을 우리의 후손들은 거룩한 땅이라 부를 것이라고 말한 기억이 납니다.”

그리고 15년이 지났다. 단강을 기억하는 많은 사람은 단강교회가 몇 달 못 가서, 길어야 몇 년 못 가서 문을 닫게 될 거라고 내다보았다. 그리고 새로운 곳에서 새로운 예배를 드릴 거라고 생각했다. 그러나 하나님의 은혜로 여기까지 왔다. 인간적으로 생각할 때 부족했던 만큼 주님은 넉넉하셨고, 약했던 만큼 주님은 크고 강하셨다.

"광야 길을 걸어가는 이스라엘 백성들을 위해서 바다 한가운데 길을 내시고 마른 길을 걷게 하는 은총을 우리는 때마다 경험했습니다. 우리에게 닥쳐오는 어려움은 이내 우리를 삼켜버릴 듯했지만 그때마다 하나님께서는 바다 한가운데 길을 내고 마른 땅을 걸어가게 하는 은혜를 베풀어주셨습니다."

때로는 낙심하고 때로는 절망하고 그런 때가 없지 않았지만 그래도 하나님께서는 바다 한가운데 마른 길을 내시는 은혜를 그들에게서 거두어가지 않으셨다. 바다를 모래로 막고 가장 크고 강한 바다를 가장 작고 보잘것없는 모래로 바꾸고, 그 경계를 넘지 못하게 하신 하나님께서 단강마을에 닥친 여러 가지 어둡고 어려운 상황들, 그 거센 풍랑을 막아내고 마른 길을 걸어가게 하는 은혜를 베풀어주신 것이다.

"우리는 또한 때마다 우리에게 내리시는 하늘 양식을 경험했습니다. 시련이 닥쳤을 때도 늘 알맞은 은혜를 경험하며 살았습니다. 때로는 이 땅에서 일어나는 일이 우리 힘만으로는 감당하기 어려울 때가 많이 있었습니다. 그러나 하나님께서는 때마다 우리에게 필요한 은혜를 주셔서 하늘 양식이 모자라지 않도록 은혜를 베풀어주셨죠."

돌이켜 생각해보면 모자람도 없고 남음도 없는 알맞은 은혜를 누려왔다. "길이 없는 곳에도 길이 있다"라고 믿는 그이. 그래서 그이는 누구든 가기를 꺼리는 황무지와 첩첩 산줄기에 '부르심' 때문에 온몸을 던져 살아왔다. 그래서 '단강'과 '한희철 목사'는 하나로 통한다. 어디선가 만난 적이 있을지 모른다고 생각할 정도로 이 지역의 상징적 이름이다.

그이가 단강에서 아로새긴 목회는 한마디로 순수하고 아름답다. 꾸밈이 없고 하나님에 대한 끝없는 신뢰와 사람에 대한 따뜻한 사랑이 어우러진 작품이라고나 할까.

"작고 후미진 마을, 작은 예배당을 섬기게 하시니 고맙습니다. 다들 떠난 곳에 외롭게 남아 그래도 씨 뿌리는 사람들, 가난하고 지치고 병들고 외로운 이웃과 살게 하시니 고맙습니다. 이 땅의 아픔을 감싸기엔 내 사랑과 믿음이 턱없이 모자랍니다. 그게 힘들고 힘들다가 외롭기도 합니다. 그래도 나를 이곳에서 살게 하시니 고맙습니다. 그중 당신과 가까운 곳 여기 살게 하시니 고맙습니다."–〈어느 날의 기도〉

내 맘 아는 이보다 내가 알아야 할 맘 더 많은 곳에서 살게 하시니 고맙다는 마음. 때로는 허전하고 힘이 들기도 하지만 자신을 다른 어떤 곳보다도 이곳에 세우신 주님에 대한 고마움이 절절히 묻어난다.

"텅 빈 예배당을 채우고 있는 건 조용한 어둠과 구석에서 배어나오는 풀벌레 소리입니다. 어둠 속에 앉았습니다. 조용함 속에 앉았습니다. 허전한 곳에서 허전하지 않게 계신 주님. 쓸쓸한 곳에서 쓸쓸하지 않게 계신 주님. 텅 빈 예배당 안에서도 여전히 너그럽고 편안하신 주님을 봅니다. 쓸쓸한 곳에서 쓸쓸하지 않도록, 허전한 곳에서 허전하지 않도록, 허전한 곳일수록 쓸쓸한 곳일수록 너그럽게 하소서. 편안하게 하소서. 텅 빈 예배당 지키는 주님 닮게 하소서."

무심하고 무감하여 모르는 듯 모르고 살아가지만 실은 늘 눈물이었다. 가슴의 반 이상은 눈물이지 싶다. 떠날 사람 다 떠나고 떠나지 못할 사람 남은 땅. 이내 사라질 듯 지워질 듯 금방이라도 허물어질 듯 위태하고 막막한 삶을 붙들 힘이 없었다. 마음이 얼어붙고 손은 젖어온다. 어떤 때는 웃고 대개는 그냥 지나치지만 그이의 가슴은 때마다 눈물이다. 마른 비에 젖어 고작 지켜가는 게 눈물의 무력함이라니.

"목사님, 딴 데루 가문 안 돼, 나 죽으문 나 묻어줘야지."

젊은 목사의 손을 힘주어 잡던 할머니의 손길을 기억한다. 거칠고 메말랐지만 따뜻했던 할머니의 손을… "손금과 지문은 어느새 다 지워지고 나뭇등걸 같았던 할머니 손엔 한겨울 지나도록 흙물, 풀물 빠질 새가 없었지요." 할머니 가고 할머니 보낸 할머니들 또 가고 뒷짐 진 듯 느릿느릿 그러나 제 걸음 다 걸어 이 땅 무심한 세월이 가고 또 가는데, 마지막 절망을 묻기까지는 지킬 수 없는 약속을 두고 그이는 언젠가 말했다. "농촌의 마지막 희망은 더는 절망하지 않는 것"이라고. 그러면서 그이는 고백한다.

내 이 땅을 사랑한다 함은

쓸쓸함과 허전함 어둑함을 사랑함이니

산 끝자락 음지 말 밤나무 아래

비집듯 지워질 듯 밤을 새는 들창

흐린 불빛이나 마른 기침 혹은

굽은 등에 걸친 백발보다 거칠고

눈부신 생의 무게

그보다 깊은 막연함이니

내 이 땅을 사랑한다 함은

예배하러 모인 교우들이 가지고 온 삶의 무게들, 막막함과 괴로움, 답답함과 대책 없음과 그 끝 모를 아픔을 모르지 않는다. 마주하는 마음도 함께 시리다. 곳곳의 빈자리가 갖는 무게 또한 어쩔 수 없다. 바쁜 농사일과 병약한 몸에 그들 또한 안타까울 것이다. "내가 믿고 또 의지함은 내 모든 형편 잘 아는 주님 늘 돌보아주실 것을 나는 확실히 아네." 아픔을 딛고 서려는 듯 목청껏 부르는 찬송. 찬송을 부르다가 자신도 모르게 두 눈이 뜨겁게 젖은 적이 한두 번이 아니었다.

그러나 그이는 사람 사랑하며, 이야기 사랑하며, 길 사랑하며, 바람

과 들꽃과 비 사랑하며, 눈물과 웃음 사랑하며, 그렇게 자신의 길을 걸어왔다. 두려움 없이 두리번거림 없이….

평생, 당신의 마당을 쓰는 비질이나 하게 하소서

뭔가 이루려는 마음

남보다 앞서려는 마음

대단한 것 가지려는 마음

비질로 버리며

무심하게 당신의 마당을 쓸게 하소서

뛰노는 아이들 웃음으로 바라보며

성전 뜰 밟는 사람들

고운 차림이건 허술한 차림이건

노인이건 아이건

머리 숙여 인사하며

다만 마당을 쓸게 하소서

뜨는 아침 해 보고 감사하게 하시고

지는 저녁 해 보고 감사하며

더도 덜도 말고

당신의 마당을 쓸며

내 한 생이 그렇게 가게 하소서

단강에 사는 그이에게 단강은 하나의 창이었다. 단강을 통해 하늘과 세상을 봐온 것이다. 맑기를, 따뜻하기를. 이따금 먼지 낀 창을 닦는 것은 맑고 따뜻한 창으로 깊은 하늘을 맑게 보고, 넓은 세상을 따뜻하게 보기 위해 하늘을 닦고 세상을 닦는 것이었다. 닦인 만큼 커 보이는 사랑의 크기를 그이는 이렇게 고백한다.

사랑하는 만큼

버리는 거구나

버리는 만큼

사랑하는 거고

너풀너풀

춤으로 떨어지는

가을 잎새들

그래

사랑하는 만큼

버리는 거구나

상처 입은 주님의 교회 일으키러 독일행

송별 모임. 15년, 정들만 하니까 멀리 떠나가는 사람. 갈 사람은 가는구나 당연히 여기며 욕이나 한마디 하면 될 것을 무엇이 그리 아쉬워 자리를 만들었는지. 막상 같이 있을 때는 나누지 못한 이야기를 밤이 늦도록 나누었다.

그이와 동갑내기 병철 씨는 자꾸 울먹울먹하고 그러다 노래를 자청했고, 병철 씨의 애창곡 〈칠갑산〉을 청했지만 병철 씨는 굳이 부르고 싶은 노래를 불렀다. 병철 씨가 부른 노래는 〈지금까지 지내온 것 주의 크신 은혜라〉였다. 옆에 있던 준이 아버지가 생각나는 대로 따라 했는데 그 노래를 들으며 마음은 눈물에 젖었다. 그이는 자신이 눈물을 보일 자리가 아니다 싶어 마음을 눌렀지만 같이 얼싸안고 울고 싶은 심정이었을 것이다.

이제 단강을 떠난다. 마음의 고향, 삶의 분신 같았고 지금 그이를 있게 한 스승, 멀리서 뒷모습만 보아도 말소리만 들어도 누군지 아는 정겨운 사람들이 사는 곳. 이젠 이곳을 떠난다. 독일의 프랑크푸르트, 낯선 곳으로 간다.

"주님의 교회가 큰 상처를 입어 주저앉았다는 말을 듣고 대답했습니다. 다시 땅 끝으로 부르시는구나. 나를 광야로 내모시는구나. 주님의 부르심에 따르기로 했습니다."

그러면서 그이는 단강에 처음 왔던 날이 떠올랐다고 한다. 3월의 봄날, 진눈깨비가 사납게 날리던 날. 창립예배를 드리던 날 어딘지도 모르는 단강을 향할 때의 마음, 창립예배를 드리던 날 첫발을 내디던 그 마음으로 독일로 떠나는 것이다.

"아무도 가려 하지 않았던 사마리아 성을 찾아가 그 성을 기쁨의 성으로 만든 빌립이 생각났습니다. 성령께서 그를 또다시 광야로 이끌자 다시 길을 떠나는 빌립을 생각하며 언젠가 기회가 주어지면 빌립이 걸어간 예루살렘에서 가자로 가는 그 길을 걸어보고 싶었는데, 이번 부르심이 내게는 그런 부름인 것 같습니다."

떠난다는 말을 처음으로 교우들에게 할 때는 무슨 큰 죄를 짓는 것 같았다고 한다. 눈물, 탄식, 한숨, 망연한 눈빛. 덩달아 뜨거운 눈물이 솟아 한동안 말하지 못했다. 안 된다고 사정하기도 하고, 땅에 주저앉아 아이처럼 울고, 아무 말도 못한 채 손만 마주 잡고. 예배가 끝났는데도 떠날 줄 모르는 교우들….

"떠남이 쉽지 않을 것이라 생각은 했지만 이리도 힘든 일인 줄은 몰랐습니다." 우리는 못하니, 하나님이 목사님 가는 길을 막아달라는 교우들의 기도를 들을 때 다시 한 번 주님의 뜻을 헤아리는 그이의 마음은 오죽했을까.

마을 사람들은 마을 사람들대로 힘들어했다. 외출한 목사를 기다리며 밤늦은 시간까지 이야기를 나눈 것이다. 어르신 몇 분을 만났더니 둘 중 하나를 택하란다. 아예 교회 문을 걸어 닫고 떠나든지, 당신들이 교회를 나올 테니 남아달라고…. 그이는 깊은 한숨을 쉬었다. 그리고 두 눈이 젖고 말았다. 당신들이 모두 교회에 나올 테니 떠나지 말라니, 내가 정말 떠나도 되는 건가, 내가 지금 어디로 떠나려 하는가, 이미 정한 일이면서도 마음 깊이 흔들렸다.

"욕을 먹더라도 '나 못 갑니다, 떠날 수 없습니다' 해야 하는 것 아닌가 하는 생각이 들었습니다. 고마운 인사로 받기에는 마음이 너무 아프고 아렸습니다. 이런 분들을 두고 떠나려 하는 자신이 안쓰럽고 어리석어 보이기까지 했습니다."

그이는 꼭 돌아오겠다고, 하나님의 일을 하는 사람인지라 하나님의 뜻을 따라 지금은 떠나지만 꼭 돌아오겠노라고, 한참 같은 말을 했다. '고맙게도' 목사의 말을 받아주신 그분들은 오히려 그이를 위로했고, 마을 사람들과 같이 식사할 자리를 마련해 석별의 정을 나누기도 했다. 쉽지만은 않았던 단강에서의 시간이 눈물로 녹아 아름다운 강 하나가 되는 순간이었다. 은물결과 은모래로 아름답게 빛나는 강. 그이에게는 지나온 모든 시간과 일이 하나의 아름다운 강으로 변하는 은총의 시간이었다.

가장 아름다운 걸 버릴 줄 알아 꽃은 다시 피고

9월 16일에 드린 송별예배. 이날 예배엔 단강교회가 문을 연 후 가장 많은 인원(?)이 참석했다. 들꽃 향기 가득한 감동적인 예배였다. 그 흔한 '송별예배'라는 글귀 하나 없었지만, 온몸의 들썩거림과 마음의 울먹거림과 살아 있는 동안 어쩔 수 없게 갖게 되는 희망과 그리움과 아쉬움이 발끝 저리게 다가왔다.

어떤 어려움이 있어도 푸른빛을 잃지 말라고 건네는 마을 어른들의 정성에는 '벼, 솔잎, 콩잎'이 묶여 있었고, 사모님께는 '감나무, 밤나무, 대추나무' 열매들이 꽃다발이 되어 안겨졌다. 교우들이 단강의 들꽃을 모아 엮은 꽃송이는 그렇게 아름다울 수 없었다. "가장 아름다운 걸 버릴 줄 알아 꽃은 다시 피고, 가장 소중한 걸 미련 없이 버릴 줄 알아 나무는 다시 푸른 잎을 낸다"라고 했던가.

그이의 마지막 설교는 "뒷모습이 아름다운 사람"(신 34:1-8)이었다. 약속의 땅 가나안을 눈앞에서 바라보며 마지막 숨을 거두어야 했던 모세의 모습을 '징검다리'에 비유하면서 우리 삶과 신앙의 자세가 어떠해야 하는지를 보여주었다.

"'내가 아니면 건너지 못한다. 그러나 나는 건너지 못한다.' 그것이 바로 '징검다리'입니다. 우리 삶이 내가 바라고 원하고 그토록 기도하던 그 모든 것이라 할지라도 우리가 다 고르고 우리가 들어가고 우리가 확인하지 못한다 할지라도, 하나님나라 약속의 땅으로 들어가는 징검다리 하나를 놓는 일에 최선을 다하는 우리가 되었으면 좋겠습니다. 여러분과 함께했던 참 행복했던 시간들, 같이 하나님나라로 가는 징검다리 돌 하나를 놓은 시간이었다 해도 저는 만족합니다. 이제 여러분이 또 다른 돌을 놓으셔서 마침내 젖과 꿀이 흐르는 약속의 땅으로 들어가는, 아니 함께 들어가 함께 하나님의 축복을 찬양할 수 있는 은총이 모든 사람에게 함께하기를 바랍니다."

"가야 할 때가 언제인가를 알고 가는 이의 뒷모습은 얼마나 아름다운가." 한희철 목사, 그이는 단강을 떠나 최악의 상황에 빠졌다는 그곳, 독일로 갔다. 뒷모습이 아름다운 사람이 되어 한 편의 시를 남기고 떠났다. 주저함 떨치고 약한 마음 버리고 다시 떠났다. 다시 한 번 그이의 삶을 이끄시는 주님을 만나러….

나를 몰아가시는 당신

당신은 나를 몰아가십니다
휘몰아가십니다
익숙하고 편안한
집을 떠나라 하십니다
내일을 짐작할 수 있는
둥지를 떠나라 하십니다

눈 감고도 갈 수 있는
길을 떠나라 하십니다
멀리서도 누군지 알 수 있는
사람들을 떠나라 하십니다
또 하나의 광야
인적이 없는 길

그 길을 걸으라 하십니다

모래바람 속에 웃음으로 계신

당신,

행여 모래바람 헤치느라

당신

지나치는 일이 없게 하소서

지금의 나를 있게 한 얘기마을

김현호

부산 〈기쁨의 집〉 대표

"*所有*는 적으나 *存在*는 넉넉하게"

이 한 줄의 아포리즘은 내 인생의 좌우명이 되었다. 〈얘기마을〉을 통해 만난 소중한 정신이다. 나는 부산항에 떠다니는 배들이 마주보이는 곳에 작은 기독교 서점을 열어 서른두 해째 책을 만지고 산 사람이다. 〈얘기마을〉에서 만난 동화 "민들레"를 읽었기 때문이다.

소유보다 존재의 의미를 되새기며 살다 보니 소유는 늘지 않았지만 소중한 친구를 많이 얻었고, 대도시 한 켠을 고향으로 삼아 누군가에게 그리움이 되고 있음이 내 인생의 자산이 되었다.

나이 든 어른이 되어서도 퇴근하면서 꼭 편지함을 살피는 습관이 있다. 어느새 십 년 하고도 칠 년도 더 된 버릇인데 온갖 인쇄물로 가득한 우체통에서 손글씨로 쓴 〈애기마을〉을 보고 나서 생긴 버릇이다. 두세 주 걸러 배달되는 〈애기마을〉 주보는 내 영혼의 비타민과 같아서 단숨에 읽고 나선 점퍼 안주머니에 넣고 다니며 쉬엄쉬엄 꺼내 읽었다. 이 주보를 읽으며 온갖 오염에 묻은 때를 닦아냈던 싸한 추억이 가슴 한 구석에 간직되어 있다.

내가 〈애기마을〉 독자가 된 사연은 순전히 책방 주인이어서 얻은 행운이었다. 기쁨의 집이라는 우리 책방에서 어느 날 《내가 선 이곳은》이란 책을 우연히 읽다가 눈시울을 적시고 말았다. 강원도 산골 마을 젊은 목회자가 쓴 시와 산문이 실린 글이었는데 페이지를 넘기는 동안 그 감동을 주체할 수가 없어서 즉시 출판사에 전화를 걸어 저자의 연락처를 알려달라고 했다. 전화를 통해 한희철 목사님과의 만남이 이뤄졌다. 나는 영혼을 맑게 하는 이 책을 출판해주셔서 감사하다고 전했다. 이 인연으로 〈애기마을〉 마지막 호까지 읽는 특권을 누리게 되었다. 그리고 한 목사님을 스승님으로 삼아 지금까지 그분과 영혼의 언어를 나눈다

〈애기마을〉, 시골교회 주보에는 어떤 매력이 있었을까? 낯선 땅, 강원도 단강마을, 단 한 번도 가본 적 없는 그 땅을 내가 고향처럼 여기고 있음은 왜일까? 성지순례를 하듯 단강을 내가 반드시 찾아가야만 하는 장소가 되게 한 그 중독성은 어디에 있었던 것일까? 시골마을 이장이라도 이토록 자기가 사는 땅을 아끼고 사랑하고 보듬어낼까 싶을 만큼 한희철 목사님은 그 땅에 사는 사람과 짐승과 자연과 쓸쓸함과 주름진

세월까지 보듬어내는 목자였다. 손으로 쓴 그분의 주보에는 그런 애잔
함이 늘 묻어 있다.

　섬진강 근처에서 초등학교 시절을 보낸 나에게 〈얘기마을〉은 그리
움이며, 고향 그 자체였다. "크레타의 땅에 있는 것이면 돌부리 하나,
나무 한 그루도 비극의 역사를 지니고 있다." 니코스 카잔차키스의 말
처럼 비극의 역사가 어찌 크레타뿐일까? 우리가 사는 땅 어느 골짜기
어느 들녘, 마을 앞 오랜 정자나무 한 그루까지 사연 깊은 이야기가 어
찌 없으랴! 〈얘기마을〉 주보에는 단강 사람들과 그 땅 곳곳에 묻혀 있
는 슬프고도 아련한 이야기가 채록되어 실려 있었다.

　또한 한 목사님이 사랑한 가난한 사람들, 살 길을 따라 이산가족처
럼 떨어져 살고 있는 외로운 이들을 보듬는 이야기가 담긴 작은 쪽지
는 늘 그리움이 묻어난다. 지금도 기억하는 이들이 있을까. 〈얘기마
을〉 목회 수첩에서 만난 이름, 김천복 할머니, 신기료 할아버지, 수미,
승호, 광철 씨…. 나는 그들의 얼굴을 본 적 없지만 그 이름을 사랑하
게 되었다. 승학이네 어미 소가 죽고 다시 들여온 송아지는 얼마만큼
컸을까 궁금해지기도 했다. 나는 한 목사님에게서 '마중물'이란 소중
한 우리말을 처음 들었다. 내가 기억하기로는 마중물이란 단어를 전
국민이 쓰게 한 일등 공신은 아마도 한 목사님일 것이다.

　책방지기인 나도 쓰지 않던 단어를 그 뒤 여러 매체에서 사용하기
시작했다. 땅속과 지상을 연결해주는 소중한 마중물 한 바가지, 한 목
사님의 삶이 바로 마중물 한 사발 같았다. 꾸준하게 독서의 지평을 넓

혀가며, 책을 통해 사랑하는 사람들과 소통하고 한 목사님 특유의 평화 방식으로 소통하셨다.

특히 목회자임에도 생활정보 신문인 〈교차로〉에 수년이 지난 지금까지도 글을 기고했다. 이 글을 사랑하는 고정 팬도 있다. 비록 종교가 다를지라도 보편적 교양과 우리가 잃어버린 소중한 가치를 되찾도록 일깨워주는 목사님의 소통 방식을 사람들이 좋아한다는 증거라고 생각한다.

목사님의 시와 산문을 읽을 때마다 가슴속에 평화가 흐르고 맑은 생각이 떠오른다. 〈얘기마을〉에서 "지지 못한 지게"를 읽던 밤에 잠을 이루지 못했다. '내가 얼마만큼 더 작아져야 저들의 아픔을 함께할 수 있을까?'라고 고민하는 목자의 아파하는 메아리는 도시교회 목회자들에게 실망한 나에게 예수님의 모습을 투영해주었다.

"짧은 두레박" 꼭지에 실린 글은 나의 언어생활을 한결 풍부하게 만들어주었다. 잊힌 우리말과 그 의미를 되새김하는 코너였는데 우리말이 너무나 멋지다는 것을 배웠다. 아마도 단강 사람들은 자기들의 이야기와 자신들만 쓰던 말이 〈얘기마을〉에 실린 것을 보고 참 좋아했을 것 같다.

나는 어른임에도 한희철 목사님이 단강에서 쓴 동화를 무척 사랑한다. 《소리새》에 담긴 주옥같은 동화들은 모두 단강 아이들에게 들려주기 위해 쓰인 이야기라 했다. 그래서 동화에 나오는 지명은 단강의 이름이고 아이들의 이름도 실명이 많다. 단강에서 어린 시절 한 목사님

을 만나 함께 살았던 아이들은 지금 무엇을 하며 어떤 모습으로 살아갈까? 모르긴 해도 어디서든 단강의 추억 하나만으로도 쓸모 있는 사람으로 제 구실하며 살고 있으리라. 나는 지금도 저자의 〈내가 선 이곳은〉이라는 동화를 자주 사람들에게 들려준다. 한 목사님의 동화는 재미보다 치열함이 담겨 있다. 허황된 꿈을 따르지 않고 인간 됨을 따라 사는 게 진짜 잘사는 것임을 넌지시 독자들에게 알게 해준다. 우리 독서 모임에서 《소리새》에 담긴 동화를 읽고 책 나눔을 하면 어른들도 눈시울을 적시며 치유를 경험하곤 한다.

이토록 사랑스러운 목자와 함께 일 년에 한 번이라도 행복한 시간을 보내고 싶었다. 그래서 14년 전 광복절 연휴 때 경남 밀양에서 첫 독서 캠프를 열었다. 1박 2일의 짧은 만남은 참석자의 열렬한 성원으로 다음 해로 이어졌고, 당연히 한 목사님은 매년 우리 모임의 이야기 손님이 되셨다. 올해로 열네 번째 독서 모임을 열었는데 시인 목자이신 영주에 사시는 박선경 목사님, 서울 청파교회 김기석 목사님 등이 함께 늘 섬겨주신다. 이야기 손님들과 벗님들이 함께 온밤을 지새우며 시를 나누고 노래를 부르고 팍팍한 세상살이를 너끈히 이겨낼 힘을 공급받는다. 이 작은 모임을 위해 한 목사님께서는 독일 프랑크푸르트에서 목회하실 때에도 참석해주셨다.

독서 캠프에서 언젠가 한 목사님은 나에게 《내 영혼이 따뜻했던 날들》이란 책을 소개해주신 적이 있다. 인디언 이야기인데 자신들을 자연의 일부로 여기며 개인의 이기심을 극복하고 서로 아껴주는 인디언

들의 삶과 그 원시성을 담은 책이었다. 이 책을 통해 나는 요즘 공동체에 대한 꿈을 꾸고 있다. 땀 흘려 가꾸고 만든 것을 함께 나누고 소박한 삶을 살아낼 고향 같은 마을을 이루고 싶은 꿈이다.

〈얘기마을〉을 더 받아볼 수 없었을 때의 아쉬움은 그이가 단강을 떠날 때 단강 주민들이 보여준 감동적인 이야기 한 편으로 충분히 보상받을 수 있었다. 단강 주민들은 더는 한 목사님을 외지에서 온 키 큰 시골 농부 아저씨 같은 목사 한희철로 기억하지 않고, 단강 사람으로, 희로애락을 함께한 목자로, 참 예수로 기억해주었다.

한 목사님이 끝내 단강을 떠나야 할 순명임을 알았을 때, 그들은 송별 모임에서 단강 들녘의 야생화 한 아름과 단강에서 자라는 과실 한 가지씩을 모아 만든 아름드리를 선물로 전하며 "단강에서 태어나 자란 우리보다 단강을 더 사랑했던 우리 목자였다"라고 고백했다고 한다. 이 이야기를 전해들었을 때 나는 한 사람이 세상을 바꾸는 것은 거대한 일을 해서가 아니라 함께 눈물 흘리고 한마음으로 고통을 나눈 시간의 결과임을 알아차렸다.

나는 한 목사님에게서 말보다 말투의 중요함을 배웠다. 이웃을 사랑할 때는 정확한 말이나 섬세한 충고를 하기 전에 그 사람을 존중하는 마음가짐을 갖추어야 하는데, 그것은 말투에 실려서 전달된다는 것이다.

요즘 나는 〈드문 손길〉이란 주보를 받아보고 있다. 성지교회에서 매주 발행하는 주보인데 그때 단강에서 만들었던 손글씨 주보의 매력을 기대할 순 없지만 재생지에 담긴 한 목사님의 시와 기도문, 목회 단상과 교우들의 소식이 빼곡히 담겨 있다. 〈애기마을〉이 주던 감동의 깊이와는 다르지만 그분의 사람 사랑과 절대자에 대한 아름다운 복종의 모습은 변함없다. 이 책을 읽은 독자라면 조심스럽게 〈드문 손길〉 주보를 받아보길 추천한다. 예수를 따르는 자로 살아가면서 이토록 아름다운 동행이 있다는 것에 감사드린다.

이 글을 읽는 독자에게 언젠가 그이가 나에게 들려준 "좋은 벗은 좋은 길이 되어주는 사람이다"라는 말씀을 귀띔해드리고 글을 맺는다.

이 책을 읽는 동안 행복하시길 빈다.

외면 外面 하는 시대, 아픔 마주하기

서 영 현

성지교회 집사, 변호사

예수님의 말씀을 대할수록 구원과 현실 사이의 거리는 더 멀어지는 느낌이다. 구원의 길은 2000년 전에 제시되었으므로 멀어짐의 원인은 나에게 있을 터이다. 사물에 대한 가치 평가를 넘어 인간 평가의 잣대로 변해버린 돈, 행복을 이끄는 강력한 무기로 통용되는 경쟁. 그것들은 원하든 원치 않든 오늘 이 땅에 살아가는 일상인에게는 벗어나기 어려운 환경이다.

경쟁은 옳고 그름을 묻기 전에 어릴 적부터 익숙해져야 할 대상이다. 맞닥뜨린 이상 어떻게 해서든 이겨야 하는 과정이기도 하다. 애써 인정하지 않고 다른 이유로 포장해보기도 하지만, 일상 속의 적지 않은 문제는 돈에 기인한 경우가 많다. 주변이 모두 경쟁에 뛰어들어 열

심을 다하는 상황에서 내려놓음과 비움은 자칫 한가로움으로 비춰질 수도 있다.

자신과 가족을 추스르기도 버거운 현실에서 남을 생각한다는 것은 쉬운 일이 아니다. 생각을 넘어 실천에 이른다는 것은 더욱 어려운 일이다. 지나친 경쟁 구조에서 낙오되고 소외된 사람, 가난하고 병든 이웃 등 이런저런 이유로 고통 받는 사람들의 비명 소리가 주변에서 적지 않게 들린다. 그런 상황에서 "네 이웃을 내 몸과 같이 사랑하라. 가난한 자에게 하는 것이 곧 나에게 하는 것이다"라는 예수의 메시지는 돈과 경쟁에 짓눌린 일상인에게 딴 세상 이야기로 들릴 정도로 비현실적이다.

일상인으로서 기독교인은 이웃의 비명과 감당하기 어려운 예수의 메시지 사이에서 방황하고 갈등하고 있다. 방황과 갈등이라는 또 다른 고통과 마주하고 있는 것이다. 그 고통을 피하기 위해서 선택한 것이 외면이고 시늉이다. 시대와 상황이 다르기 때문에 말씀은 재해석되어야 한다는 방어 논리로 무뎌지고, 가정이 있는 일상인에게 제자의 길을 요구하는 것은 무리라는 변명으로 회피한다. 그런 식으로라도 타협하고 변명하지 않으면 견디기 어려운 자기 분열의 상황에 처하기 때문이다.

외면의 정당화. 말씀과 현실 사이에서 방황하는 일상인이 만들어낸 편리한 믿음이다. 그 편리한 믿음은 주변에 꽤 공고하게 자리 잡은 것처럼 보인다. 편리한 믿음을 가진 사람들이 볼 때 말씀을 목숨처럼 붙

잡고 아무 계산 없이 세상의 아픔 속으로 뛰어드는 사람은 무모하고 위태해 보인다. 편리한 믿음의 위력 때문인지 오늘날 우리는 무모하고 위태한 사람을 만나기 어렵다.

이 책에 쓰인 단강 이야기는 24년 전에 있었던 한 젊은이의 무모하고 위태한 결단의 이야기다. 이름 없는 사람들이 이름 없이 살아가는 곳. 그곳으로 들어가 모든 이에게서 잊히는 삶을 선택한 사람의 이야기이기도 하다.

시골마을 촌장을 꿈꾸던 젊은이는 "가난하고 병들고 지친 이들, 외롭게 버려진 생을 살아가는 이들, 그들 곁에서 그들과 함께 쓰러질 순 없느냐고, 꺾일 순 없느냐고, 그렇게 그들과 한자리에 설 순 없느냐고" 외치면서 아픔을 정면으로 응시하였고 오랫동안 그들과 함께 살았다.

70여 가구, 교인 20명. 초라해 보일 수 있는 숫자이지만, 이름 없는 사람들과 무모하고 위태한 이가 만들어낸 이야기는 20여 년 세월을 넘어 아직까지 진하게 가슴을 울린다. 그 울림은 외면하는 시대, 편리한 믿음으로 무장한 우리에게 나지막하지만 단호한 어조로 묻는다.

"당신은 지금 구원의 길을 가고 있느냐"라고.

단강,
그 영원한
고향

허경희

시 낭송가

단강과 〈얘기마을〉.

언제 들어도 내게는 태어나고 자란 고향처럼 정겨운 곳이다.

나와 아무런 관계가 없었을 때는 그야말로 주민등록증 같은 곳에나 기록될 것 같은 원주 땅 단강이 이처럼 아련한 그리움의 대상이 된 데는 특별한 사연이 있다.

한 십 오륙 년 전쯤으로 기억한다. 책을 읽다가 어느 꼭지엔가 실려 있던 시 한 구절이 자석처럼 마음을 끌어당겼다. 저자의 시는 아니었는데 단강마을과 관련 있는 두 편의 시 전문이 인용되어 있었다. 그중 한 편의 첫 구절이 "단강 사는 한 목사는 시골 아저씨가 다 됐다"였다.

무작정 글 앞부분에 적혀 있던 강원도 원주를 단서로 한 목사님이 계시다는 교회를 찾아보기로 마음먹었다. 전국 교회 주소록을 펼쳐놓고 원주군(당시에는 시가 아니었다)의 각 마을을 훑어내리다 부론면 단강 1리에 있는 단강교회를 찾아냈다.

어렵사리 찾은 주소로 목사님께 편지를 드렸고, 곧바로 답장과 함께 1996년 첫 주 분부터 두 달 치의 〈얘기마을〉을 받았다. 여느 교회 주보와는 많이 다른, 손으로 직접 써서 만든 한 주, 한 주의 주보에는 읽을 거리로 가득 차 있었다. 그날 밤에 보내주신 분량을 다 읽고 나서야 잠들 수 있었다.

다음부터는 한 달 치씩 묶어 보내주셨는데 도착하기가 바쁘게 앉은 자리에서 다 읽을 때가 대부분이었고, 다음 달 치가 올 때까지 남은 날들은 이미 읽은 것을 아껴가며 다시 읽었다. 〈얘기마을〉이 도착할 즈음이면 자연히 내 손은 '풀방구리 쥐 드나들 듯' 우편함을 드나들곤 했다. 손 끝에 닿는 두툼한 봉투에서 느껴지던 흐뭇함은 정말 각별했다.

수수한 산골 아낙의 민낯같이 소박하고 진솔한 이야기들. 때로는 가슴 먹먹하고 안타까운 사연도 실려 있었지만, 그 또한 우리 삶의 한 모습이기에 아픈 가슴만큼 소중하게 여겼다.

그 당시 내가 섬기던 교회가 단강교회와 아주 비슷한 처지였기에 공감의 폭이 더 컸지만, 어떤 글은 정말 내 이야기를 한 목사님의 손을 빌려 쓴 것 같다는 착각이 들 때도 있었다.

외롭고 힘든 삶을 만날 때면 "네 마음 다 알아" 하며 말없이 손을 꼭 잡아주는 친구처럼 〈얘기마을〉은 내게 그런 존재로 자리 잡았다. 행여 한 주 치라도 빠질라치면 다른 식구가 받은 것을 복사해서라도 빠짐없

이 채워서 묶어두고, 외우다시피 한 글을 틈날 때마다 읽고 또 읽었다.

정말 그 당시 〈애기마을〉이 내게는 얼마나 큰 위로였던지….

세월을 흘려보내며 서너 번쯤 단강을 찾을 기회가 생겼다. 글 속에서 먼저 이름을 익혔던 사람들과 동네 이곳저곳이 낯익어갈 즈음, 갑자기 한 목사님이 독일에 있는 교회로 가시게 되었다.

단강에 사시는 분들이야 말할 것도 없었지만, 그 소식을 들은 나도 물결처럼 밀려들던 섭섭함을 주체하기가 어려웠다. 이삿짐을 싸던 날 단강을 찾은 후로 6년 동안, 단강마을 어디쯤엔가 늘 그렇게 계실 것만 같은 마음으로 살았다.

목사님께서 한국에 다시 돌아오신지도 어언 4년…. 문득 그때의 〈애기마을〉이 그리워지곤 한다. 지도상에선 어디에서도 찾을 수 없는 곳, 〈애기마을〉. 하지만 내 가슴에는 동구 앞 느티나무처럼 그리움으로 심긴 영원한 마음의 고향이다.

어느새 15년 세월이 훌쩍 우리 곁을 스쳐 갔지만, 난 아직도 처음 받았던 〈애기마을〉의 새해 첫 주 교회 소식란이 눈에 선하다.

"병자년 쥐띠 해가 밝았습니다"로 시작되던….